経営戦略

井上達彦／中川功一／川瀬真紀［編著］

ベーシック＋プラス
Basic Plus

中央経済社

はじめに

▶わかりやすい教科書

面白くて読んだ後，世の中の動きを「戦略的思考」で考えられるようになる。私たちは，そんな教科書を作りたいと思いました。というのも，これまでの「経営戦略」の教科書は，一方的に知識を浴びせるものが多く，読み手が参加する余地がほとんどなかったからです。

多くの教科書は独特のオーラをまとい，読者に次のような印象を抱かせます。

「1ページ目から…うわ，難しそう」
「抽象的でわかりづらい」
「読んでみたいけど，考えに馴染めそうにもない」
「自分で勉強しても，なんだか頭の中がゴチャゴチャしている」

そこで私たちは，もっと身近に，わかりやすく，自分のこととして「経営戦略」を学んでもらう方法を考えました。難しく語られてきた経営戦略を，日常生活に引き込み，会社での課題をイメージしながら，頭を使い，手を動かして基礎を体系的に学んでいく。その結果生まれたのが，この『経営戦略（ベーシック＋）』です。過去にあまり例のない教科書となりました。

▶本書の学び方

新しいものを学修するときに大切なのは「学びのサイクル」を自分のものとして修得することです。

学びのサイクルは，まず，各章初めの「Learning Points」を読み，章の要点を理解し，全体の見通しをつけるステップから始まります。続いて，学修内容について経営戦略の基本的な考え方，概念，ツールについて知り，学修内容の事例に進みます。事例では，メディアや日常生活で接する，皆さんがよく知る企業や組織が，現実に直面するテーマを取り上げています。経営戦略の考え方，概念，ツールを念頭に読み進めてください。

次に，その章で紹介されている解説や事例について，自分の頭で考えてみるというステップに進みます。そして，各章に出てくる「Let's Think 考えてみよう」や「Exercise 練習しよう」について考えをめぐらせます。このとき，実際に手を動かして自分なりの答えを導いてください。手を動かしながら考えることで，学びのサイクルは一巡し，二巡目に進むことができます。

「読んで，考えて，手を動かす」という学びのサイクルを繰り返すことで，理解度は飛躍的に向上し，学ぶことがますます楽しくなります。

本書は学修内容をより詳しく学ぶことができるように工夫しています。経営戦略の理論を学修し，練習し，ツールを活きた知識・技法として身につけていきましょう。学びのサイクル「読んで，考えて，手を動かす」を繰り返し，皆さんが得られる考え方や切り口を検証することが大切です。最初から読んでも，興味のある章から読んでも理解できるようにしてあります。今まで知らなかったことに触れ，自分の視野を広げてください。

▶面白い考え方やツールを見つける

学びのサイクルを回すときに大切なのは，自分がオモシロイと思えるポイントを探すことです。この本を読みながら，同時に次のことを進めてください。

- 気になること：「これは気になる！」を見つける
- そのツボは何：「ここがオモシロイから気になった」というツボを考える

皆さんにとって“気になること”を，身近な例から意識して見つけるようにしましょう。そして，「ここがオモシロイから気になった」という，自分の興味について，“ツボは何”かを考えてみてください。

続いて，皆さんの周りの人に，この本を読みながら見つけたことを話してみてください。自分で考えたり，他の人に伝えたりすることは，理解の定着につながる思考実験です。そして，経営戦略の考え方を身につけることにつながります。

この本が，経営戦略論について「考えてみよう，面白そう！」と思っていただけるきっかけになるように願っています。

▶本書の使い方

この本では，経営戦略論の中で，最初に知っておくと役立つ内容を厳選して4部構成にまとめています。

第Ⅰ部「戦略の基本」（第1章から第2章）では，経営戦略の理論をどのように学び，身につけるかを理解してもらいます。そのうえで，経営戦略とは何か，その立案のステップを説明します。

第Ⅱ部「戦略の分析」（第3章から第7章）では，良い戦略を生むために，企業を取り巻く環境やその企業が保有する経営資源などを分析する方法を学びます。いずれも経営戦略を考えるにあたっての要となるもので，実際に戦略を発想する糸口となります。

第Ⅲ部「戦略の構想」（第8章から第14章）では，環境や資源の分析から実際に戦略を発想する方法を学びます。戦略の骨組みを構想としてストーリーにまとめ，仮説検証を繰り返して策定していく，戦略デザインのプロセスを紹介します。

第Ⅳ部「全社の戦略」（第15章から第18章）では，複数の事業を抱える会社が，どのように方針を決めて成長するか考える全社戦略を解説します。第Ⅱ部と第Ⅲ部では，主に1つの事業について分析を行い構想する事業戦略について説明していますが，第Ⅳ部では，多岐にわたる複数事業をいかに管理していくかについて説明します。

本書の使い方はさまざまです。伝統的なレクチャーはもちろん，インタラクティブなレクチャー，ワークショップ，そして自学自習でも使うことができます。

- レクチャーとワークショップを交互に展開して30回行う4単位科目
- インタラクティブなレクチャーを15回行う2単位科目
- 事前の予習を徹底し，クラスルームでは15回のワークショップを実施する2単位演習科目
- Webの動画を参照し，自学自習用のテキストとして用いる利用法

また，この教科書を使って教える方のために，教材を開発すると同時に教育方法を伝えるための工夫も必要だと考えました。それが，講義スライドとWeb配信動画から構成される教材システムです。この教科書は，私たちが開発した教材システムの中核的な役割を担います。

教材開発にあたって文部科学省教育助成「グローバルアントレプレナー育成促進事業」（EDGEプログラムならびにEDGE-NEXTプログラム）の支援を受けました。早稲田大学にて「戦略デザインワークショップ」を実施し，受講生の反応を見ながら，講義スライドを準備し，本書の執筆を行いました。

教材システムをご活用いただける教員ならびにインストラクターの皆様は，中央経済社における本書『経営戦略（ベーシック＋）』のウェブサイト（https://www.biz-book.jp/isbn/978-4-502-32501-4）にアクセスしてください。学生とともに作成した教材なども掲載しています。

この本が日本の大学教育の一助となることを祈念して。

2019年12月

編者一同

目次

第IV部 全社の戦略

第 I 部

戦略の基本

第1章 方向：ガイド

使える理論を身につける

Learning Points

▶これから学ぶ経営戦略論を「使える」ようにするための学修方法を理解する。

▶経営戦略論を具体的な事例に引き寄せ，使うための知識として身につけようとする姿勢の大切さを理解する。

▶経営戦略論の中で「オモシロイ」や「なぜだろう」と思うことを見つけ，自分が興味を持てるテーマを探してみる。

Key Words

アクティブ・ラーニング（Active Learning）　ラーニングピラミッド（Learning Pyramid）

1 使える理論を身につけよう

経営戦略論は，組織のこれからの行く末を定めるうえで役に立つ，非常に実践的な学問領域です。現代では，経営戦略論は経営学の重要な理論の１つに位置づけられて，ビジネススクールや経営系の学部では必修科目となっていることが一般的です。

それほど重要で有用な内容であるにもかかわらず，経営戦略論を「使える」理論として身につけることができている人は，限られているように思います。

その理由は，経営戦略論を学ぶときには，「使う」ことよりも，「知る」ことに力点が置かれてしまうからでしょう。経営戦略論には，大小さまざまな理論が数百と存在し，それぞれに奥深い理論的背景があります。そのため，大学における経営戦略の講義では，教える側は多数の理論を詰め込みがちですし，学ぶ側も受験勉強をするかのような姿勢で覚えようとしてしまいます。

しかし，経営戦略論というのは，きわめて実用的な学問です。基本的な理論をしっかりと理解し，その手法を実際に使ってみることで，実践に必要な「戦略的な思考法」が身につきます。

「知る」に偏ったこれまでの学び方は十分ではありません。経営戦略論を学ぶ多くの方が，そこで学んだ理論を手法として「使える」ようになってもらうために，新しい学び方を提案します。

2 アクティブ・ラーニング

学ぶことを「使えるもの」として身につけるための代表的な学修方法の1つに，**アクティブ・ラーニング**（能動的な学修）があります。アクティブ・ラーニングとは，学ぶ者が自ら関心を持ち，学修内容を用いて能動的に考え，さまざまな状況でその学修内容を活かしながら，経験的にその知識を体得することを指します（溝上［2014］）。

アクティブ・ラーニングのポイントは3つあります。

2.1 学びのオーナーシップ—自分ごととして捉える—

まず，あなたは，経営戦略のベースにある戦略的な思考法を「自分にかかわりのあること」として捉えるようにしましょう。これによって，より多くのことをより深く学ぶことができるからです。このような態度は，「学びのオーナーシップを育てること」として知られています。

オーナーシップとは，「所有権」と訳されますが，つまりは勉強する内容を「自分のこと・もの」にすることを意味します。学びのオーナーシップを育てれば，学ぶことに対して関心と責任を持ち，自分が選んだものとして好奇心を持ち学修するような態度につながります（Dewey［2016］）。

本書では，なるべく身近な例を使い，皆さんの現在の生活や将来の事業経営に戦略的思考法がどう結びつくのかを説明していきます。これからの自分にどうかかわるかを考えて読み進めてもらえば，学修効果が高まります。

2.2 実践に向けたワーク—使い方を経験的に身につける—

次に大切なのは，「使って身につける」ことです。アクティブ・ラーニングの理論的背景の基礎をなすのは，「ラーニングピラミッド」と呼ばれる考え方です（**図表1－1**）。これによると，受動的な学修スタイルでは知識は定着せず，自らが興味を持ち，経験から獲得した知識であるほど定着度が高まるとしています。具体的な学び方として，あなたは，講義で知識を伝達されるだけではなく，グループで議論したり，実際に習う内容を実践的に練習し体験したり，学んだことを他の人に教えるなどを行います。

このように，自分がかかわり，能動的に学ぼうとすると，学修内容への理解は深まり，「自分ごと」として知識がしっかりと根付いていきます。本書は，すべての章において，実際に理論や手法を使って，現実の問題に取り組

図表1－1 ▶▶▶ラーニングピラミッド

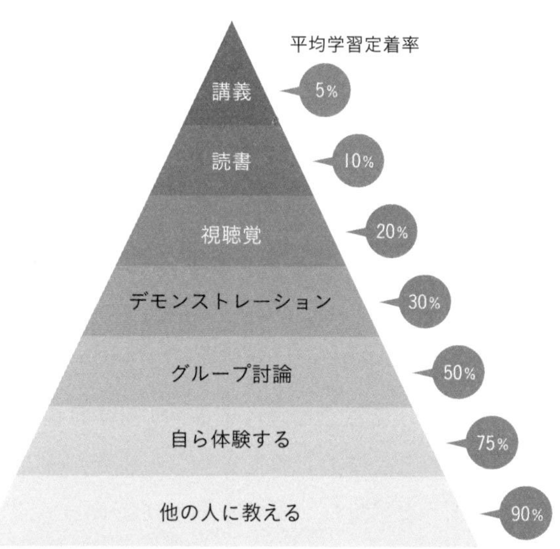

出所：アメリカ National Training Laboratories.

みながら学ぶ形式にしています。「Let's Think 考えてみよう」や「Exercise 練習しよう」に書かれている課題に取り組むことで，自ら考える時間を作ってみましょう。

2.3 楽しむマインドセット―「オモシロイ」を見つける―

最後に大切なのは，楽しむことです。これはアクティブ・ラーニングに限ったことではないかもしれませんが，つまらないものを無理やりやろうとすると，やる気は出ないものです。やる気を持つためには，とりあえず好きなこと，やりやすいことからやってみるのがポイントです。脳へ刺激を与え，脳が活動するよう活性化させます。やる気がなくなれば頭は働かず，理解しようとしても理解できなくなります。

本書を読みながら，あなたにとって「気になること」を見つけてみてください。そして，「これの，ここがオモシロイから気になった」という，自分の興味について考えてみましょう。それこそが，「知識を使えるようにしよう」という気持ちの始まりです。

楽しいと思えるものであれば，おのずと興味を持って取り組み，身につけていけます。子どもの頃，興味を持ったもので，レゴ，野球やサッカー，コンピュータゲーム，音楽バンドなど，夢中になり，ちょっと困難さがあっても続けることで上手に身につけた経験を思い出してください。経営，戦略といった内容も，あなたが「オモシロイ」，「なぜだろう」と思えるところからスタートし，楽しもうという姿勢を心がけてみましょう。眠い頭，難しい顔をして学ぶよりも，楽しめるところを見つけながら進むことで，はるかに使える知識となり得るのです。

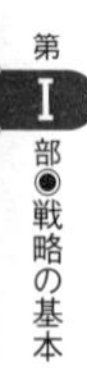

3　さっそく体験してみよう

ここでは，戦略的な思考法を「自分ごと」として捉えてもらうために，あなた自身の未来のキャリア戦略について考えていただきます。

自分自身の進みたい道を見つけていくときには，自分の「ぶれてはいけない軸」をしっかり持つことが大切です。この軸は，失ってしまうと自分ではなくなってしまうようなものといえます。どのようなものかを考える枠組みとして，マサチューセッツ工科大学のエドガー・H．シャイン博士は著書『キャリア・アンカー―自分のほんとうの価値を発見しよう』で，**キャリア・アンカー**と解説しています。「キャリア・アンカー」（Career Anchors）（**図表1－2**）は，自分らしく働きたい，生きたいと思う人が，働くことについて考えるときの枠組みとして使います。何があっても犠牲にしたくない価値観，大切にし続けたいものを見つけ，その中でどのように働くかを考えます。

キャリア（career）は，一般的に「経歴」，「職歴」と理解されています。しかしキャリア・アンカーを考えるときには，キャリアを広く長期的な視点からの「生き方」として捉えます。皆さんは，これまで，大学で何を学ぶか，専攻は何か，大学以外でどのような活動をしたいか，将来どのような仕事をしたいかなど，1つずつ決め取り組まれていると思います。この1つずつの

図表1－2 ▶▶▶ 「できること」「やりたいこと」「やるべきこと」を考える

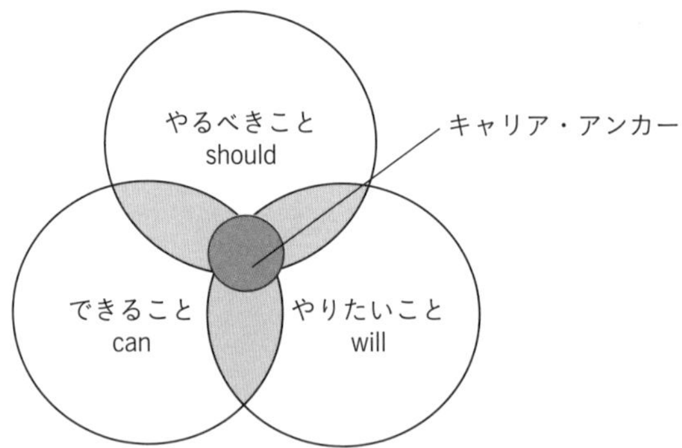

決定が，皆さんにとって価値を定め，生涯にわたり，生き方を自分で創るプロセスを生み出すのです（Phifer［2003］）。

アンカー（anchors）とは錨（いかり）のことです。錨は，船が流されないために，綱や鎖につけて水底に沈めておくおもりです。キャリア・アンカーで考えるときに，自分の生き方を創る歩みの中で，ぶれない中心となるものを意味しています。自分の中心となるものは，決して固定的ではなく，あなたの成長と共に，見直し変化するものです。

自分自身のキャリア・アンカーに気づくためには，3つの問いから自分自身について考え，見つけていくことが大切とされています。

1　自分に何ができるか，得意なことは何か。
2　自分が好きなことは何か，どういうことをしているときに喜びを感じるか。
3　何をしているときに意義を感じ，社会に役立っていると実感できるか。

「できること（can）」，「やりたいこと（will）」，「やるべきこと（should）」の3つを考えていく中から，自分のキャリア・アンカーを探していくのです。

キャリア・アンカーについて説明をしました。これを読んだ今の皆さんの状態は，知識を詰め込む，まさしく旧来型の学びだけを経た状態です。「ふーん，そうなんだ」と思ったくらいにしか，知識は身についていません。記憶にもとどまりにくく，すぐに忘れてしまうかもしれません。しかし，自分の未来を考えるための枠組みとして，実際に使ってみると，この理論・手法の価値をより深く理解し，記憶にもよくとどまって皆さんの助けとなることでしょう。

そこで，本章を締めくくるにあたって「Exercise 練習しよう」を準備しました。1人で考えることもできますが，手を動かして書き出しながらクラスメートや周りの人と一緒に考えることもできます。ぜひ，試してみてください。

Exercise　練習しよう

あなた自身の未来の道すじを描くために，ぶれてはいけない軸，キャリア・アンカーを見つけてみましょう。

1. **自分の得意なことを書いてください。得意なことは，いくつでも書いてみましょう。「得意なことが思いつかない」というあなたは，たとえば「ご飯を残さないで食べる」，「撮った写真をほめられる」などから始めてみてはいかがですか。あなたの得意なことが出てくると思います。**
2. **次に自分の好きなことを書いてください。好きなことも，思いつけばいくつも書きます。たとえば，「人と話すのが好き」などはどうでしょうか。**
3. **自分自身が，「社会に貢献しているなあ」，「こういう活動って意義があるなあ」，と思えることはどういうことかを考えてみましょう。**
4. **「得意なこと」「好きなこと」「意義のあること」を組み合わせて，自分がやってみたい仕事を考えてみましょう。やりたい仕事，なりたい自分はキャリア戦略の第一歩です。あくまでも「やってみたい」仕事なので，実現できそうかどうかは無視して考えてください。また，やってみたい仕事は1つに限定する必要はありません。**
5. **もしグループで取り組めるなら，友人や同級生に，あなたの「得意なこと」「好きなこと」「意義を感じること」「やってみたい仕事」を紹介しましょう。そして，その友人や同級生から意見を聞き，「こんな仕事もいいのでは」と他のアイデアを教えてもらいましょう。**
6. **最後に，やりたい仕事をするために，そしてなりたい自分になるために，明日からどうすればよいのかを考えてみましょう。1年後，3年後，5年後と将来のあるべき姿をイメージしながら，今何に取り組むのがキャリア戦略において効果的かを考えてみてください。**

▶▶▶さらに学びたい人のために

●Edgar H. Schein［1993］*Career Anchors: Discovering Your Real Values*, Revised Edition, Pfeiffer & Co.（エドガー・H. シャイン著，金井壽宏訳『キャリア・アンカー―自分のほんとうの価値を発見しよう』白桃書房，2003年。）

参考文献

●Dewey, J.［1916］*Democracy and Education: An Introduction to the Philosophy of Education*, Macmillan.［Accessed on September 14, 2019 – via Internet Archive］河村望訳『民主主義と教育』（人間の科学社，2000年［デューイ＝ミード著作集(9)］）

●溝上慎一［2014］『アクティブラーニングと教授学修パラダイムの転換』東信堂。

●Phifer, P.［2003］*College Majors and Careers*, Fifth Edition, Ferguson Publication.

第2章 戦略：ストラテジー

あるべき姿から戦略を創る

Learning Points

- ▶経営戦略とはどのようなものなのか，なぜ求められているのかを理解しましょう。
- ▶経営戦略を立てるうえでの基本的な思考の順序(1)あるべき姿を定め，(2)現状をよく分析して，(3)その間を結ぶシナリオを描く，という3つのステップを理解しましょう。
- ▶実際に，3つのステップで戦略を自分なりに立てることができるようになりましょう。

Key Words

あるべき姿　SWOT分析　変革のシナリオ　センスメーキング

1 経営戦略とは何か

スマートフォン，自動車，鉄道，インターネットサービス……。現代社会を支えるモノやサービスは，そのほとんどを企業という仕組みが提供しています。企業とは，何らかの目標を決め，それに向かって動いていく，人々が織りなす組織です。人間が1人だけでできることは限られていますから，スマートフォンのような複雑な品物を作ったり，鉄道を運用するためには，人々は組織を作って行動する必要があります。

このとき，必要となるものこそが**経営戦略**です。組織が機能するためには，誰かがリーダーシップをとり，人々に進むべき方向を示し，またそこに至るための道筋を描かねばなりません。人々の集団が単なる集まりになるか，連携・調整を行い，助け合って動いていく組織となるかは，その集団に明確な目的が与えられ，人々に明確な行動指針が与えられるかどうかが影響します。

その起点となるのが，組織を率いるリーダーが描く経営戦略なのです。われわれはそれを「企業の将来のあるべき姿と，そこに至るまでの変革のシナリオを描いた設計図」と定義します。まずこれが描かれ，次にそれが組織の各部門・各個人の行動へと落とし込まれたときに，人々の集団は初めて組織として機能し始めることになります。まさしく経営戦略を定めることは，リーダーがなすべき最も重要な仕事なのです。

この章では，戦略というものの基本的な考え方を押さえてもらい，戦略というものの概要を頭の中に描いてもらいたいと思います。

2 良い戦略とはどういうものか

それではまず，どういう戦略が良い戦略なのかを議論しておきたいと思います。上述の通りわれわれは経営戦略を「企業の将来のあるべき姿と，そこに至るまでの変革のシナリオを描いた設計図」と定義しますが，まずはこれを念頭に，以下の経営戦略を評価してみてください。良い戦略といえるでしょうか，それとも悪い戦略でしょうか。その理由もあわせて考えてください。

Let's think　考えてみよう

ある会社Aの戦略として，以下は良い戦略といえるでしょうか，それとも悪い戦略でしょうか？　理由とともに答えてください。

“20/20 プラン”

お客さまに選ばれる会社となる

売上高を毎年 20%伸ばす

利益率を最低でも 20%確保する

さまざまな答えがあってよいですが，本書ではこの戦略を「悪い戦略」で

ある，と考えます。その理由は，これは単なる目標であって，あるべき姿も具体的に描いていなければ，そこに至るまでのシナリオも有していないからです。

それでは，良い戦略というのはどういったものなのでしょうか。具体例を1つ示しましょう。実際にお客様に選ばれる会社となり，売上高20%増・利益率20%の両立を実現した会社があります。大型バイクの老舗メーカー，ハーレー・ダビッドソン・ジャパン（HDJ）です。大型バイク市場の縮小とともに収益性を落としていたHDJは，1990年から社長に就任した奥井俊史氏のもとで，思い切った戦略転換をしました。奥井氏は「巨象（ホンダとヤマハ）と同じことはしない，ライフスタイルマーケティングに徹する」というあるべき姿を明確に意識し，大手との競合を避けて，ハーレーが提供する独自の世界観を構築しました。そして，それに賛同する販売協力店と顧客とを囲い込み，彼らとの「絆」を強める方策をとりました。具体的には，厳しい審査のもとで優良販売店を絞り込む，販売店とユーザーとメーカーを結ぶデータベースを作る，HDJがユーザーのイベントをリードする，といった取り組みを行い，ハーレーの世界観を守り，それを求めてやってきたユーザーと生涯にかけて関係を結んだのです。こうして，HDJは20年以上にわたって一貫して高収益・高成長を挙げてきました（奥井［2009］）。

HDJの戦略を改めて見直してみると，「大手とは競わず，ライフスタイルマーケティングをしていく」という具体的なあるべき姿と，そこに至るための方策「ハーレーの世界観構築と，それに賛同する販売協力店・顧客との絆の強化」が用意されています。こうした要素が戦略に含まれていれば，組織内の人々はどう行動すればよいか明確な指針を得ることができ，結果として一丸となって目標へと動いていくことができるのです。

もう1つの例を考えてみましょう。この経営戦略は，良い戦略といえるでしょうか，それとも悪い戦略でしょうか。

Let's think　　考えてみよう

ある飲料会社Bの戦略として，以下は良い戦略といえるでしょうか，それとも悪い戦略でしょうか？　理由とともに答えてください。

当社の目指す未来は，いつまでも社会に愛される飲料メーカーである。

当社製品を愛してくれている既存顧客の要望にこたえ，味・品質を常に磨き続ける。コストダウンにも熱心に取り組み，環境負荷低減にも取り組んでいく。

従業員のワーク・ライフ・バランスにも配慮し，日本の飲料のリーディングカンパニーとしてこれからも皆に愛され続ける企業であり続ける。

一見すると，この戦略にはあるべき姿が描かれ，そして具体的にやるべきことも書き連ねられています。しかし，多くの方はこの戦略の課題に気づいたことでしょう。主張にまとまりがないとか，うわべだけのきれいごとに聞こえるとか，会社としての個性や特徴がない，などが指摘できます。

ここでは，そうした課題の中でも，「**変革のシナリオ**」が描かれていないという問題を指摘したいと思います。組織の中で，人々が漫然と仕事にあたっているだけでも実現できるようなことであれば，わざわざ，戦略などと銘打って表明する必要はありません。別の言い方をすれば，「リーダーがいなくてもできる仕事ならば，リーダーなどいらない」わけです。戦略とは，企業の未来を好転させるために，知恵を絞って構想・実行されるべきもので

図表2－1▶▶▶戦略立案のステップ

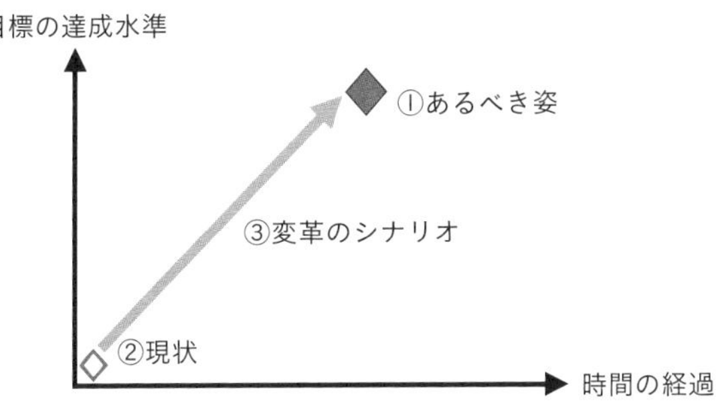

す。従来通りの仕事を続けているだけでは，とうていたどり着けない高い目標を達成するために，経営戦略が必要とされ，そして，リーダーが必要とされるのです。

続いては，経営戦略を考えるときの思考順序を説明しておきましょう。われわれの「企業の将来のあるべき姿と，そこに至るまでの変革のシナリオを描いた設計図」という定義を，模式図として表したものが**図表２－１**となります。この図のとおり，経営戦略を考えるときの標準的なステップは，①あるべき姿を描き，②現状を分析したうえで，③その間を結ぶシナリオを描くというものです。このような順番で考える理由と，各ステップで特に重要であることについて，説明していきましょう。

3 戦略立案のステップ

3.1 あるべき姿を定める

戦略を立案するうえで第１のステップとなるのは「あるべき姿」を設定することです。それはなぜなのかを，以下の問題に取り組みながら考えてみましょう。

Let's think 考えてみよう

あなたは関東だけで展開している中堅居酒屋チェーンの社長です。「5年後のあるべき姿」の候補が3つあるとします。それぞれどのような戦略をとるべきかを考えてください。

⑴ 日本全国にその名が知れ渡る有名居酒屋となり，売上高を現在の5倍にする。
⑵ 関東一円でその名が知れ渡る高級居酒屋となり，売上高を現在の2倍，営業利益率20%を達成する。
⑶ 知る人ぞ知る通好みの高級店となり，リピーターが足しげく通う隠れた名チェーンとして長く愛好される店になる。

いずれも居酒屋チェーンとしては魅力的ですが，それぞれのあるべき姿を目指すための戦略は全く異なってきます。(1)ならば，あなたは全国へ積極的な出店策を行い，顧客獲得のために大規模な宣伝投資を行うでしょう。(2)ならば現在のお店を高級路線化し，メニューの刷新，サービスの向上を図っていくことになります。(3)であれば店舗数を絞り，他店にない特徴的なメニューを何かしら作り込んで，その領域での地位を確立していく，などでしょう。

以上の例でわかるように，あるべき姿の設定によって採るべき戦略はまるきり変わってきます。そのため，まずはあるべき姿を設定することから戦略立案が始まるのです。もし，あるべき姿が曖昧なままだったとすれば，戦略も定まらなくなってきます。居酒屋チェーンの例で，5年後の姿をもし「顧客に愛される店」と曖昧に定義したならば，(1)(2)(3)のいずれの路線も正解となります。内部では方針がまとまらなくなり，現場の人々の行動もばらばらになってしまうでしょう。

3.2 現状分析とSWOT分析

第2のステップは**現状分析**です。設定された「あるべき姿」に照らして，自社を取り巻く現状や，今後起こり得ることなどを整理するわけです。古代中国の戦略家・孫子は，軍事戦略の要諦として，「彼を知り己（おのれ）を知れば百戦危うからず」（孫子）という一節を残しています。つまり，相対する敵軍のこと，そして自分たち自身のことをよくよく分析することが，勝利への道だといっているのです。この思想は軍事のみならず，経営の戦略においても通じるものです。自社を取り巻く周辺の状況と，そして自社自身のことを十分に理解することが，よい経営戦略を生むための土台となります。

経営戦略論では，実に多彩な現状分析の理論・手法が生み出されています。それらを本格的に解説するのは次章以降に回しますが，まずは「彼を知り己を知る」の骨子を体現する，最も基本的な分析手法として，**SWOT分析**があります。SWOT分析とは，企業を取り巻く現状をまず企業内部・外部要

図表2－2 ▶▶▶ SWOT分析

	内部要因	外部要因
良い要因	強み Strength	機会 Opportunity
悪い要因	弱み Weakness	脅威 Threat

因に分けて整理し，さらにそれを良い要因・悪い要因に分類することで，自社の現状をざっと概観する手法です。企業内部の良い要因・悪い要因とは，つまり，その企業の強み（Strength）と弱み（Weakness）です。一方，企業外部の良い要因・悪い要因とは，機会（Opportunity）と脅威（Threat）と呼ばれます。これらの頭文字をとってSWOTと呼ばれています（**図表2－2**）。

SWOT分析は，きわめて手軽に使える手法ですが，SWOT分析だけを単独で運用しても，企業の置かれた状況を精確・詳細に把握することはできません。精緻な分析を求めるならば，他の手法との併用が求められます。とはいえ，SWOT分析の手法としての魅力もまた，その手軽さにあります。誰しも理解しやすく簡単に実行することができ，直観的であるにもかかわらずバランスよく企業の内側・外側，良い要因・悪い要因に目を配ることができます。個人あるいはグループとして利用するにしても，高度な分析を使わずとも現状考察のための基本的事項を整理することができるのです。

SWOT分析は，会社の内側と外側のそれぞれについて，良い要因と悪い要因をバランスよく検討するという，現状分析の基本発想がそこにあるという意味で重要です。経営戦略論は1960年代にこの手法をもって始まり，その後，この手法を精緻化するようにして発展を遂げ，現在では内部分析と外部分析がそれぞれに大きな理論体系となり，企業を取り巻く現状分析をする際の2大アプローチとなっています（アンゾフ［2015］）。

先ほどの居酒屋チェーンの成長に向けた戦略の例でSWOT分析を実施してみましょう。あくまで架空の話ですが，たとえば「日本全国にその名が知れ渡る有名居酒屋になり，売上高を現在の5倍にする」というあるべき姿を

図表2－3 ▶▶▶ SWOT分析の実施例

日本全国にその名が知れ渡る有名居酒屋となり，売上高を現在の5倍にする。

	内部要因	外部要因
良い要因	強み ・資金が潤沢 ・独自の店舗接客サービス ・魅力的で低価格な食事・飲料メニュー	機会 ・顧客からの高い支持，口コミ ・投資家からの評価が高く資金調達できる可能性が高い
悪い要因	弱み ・全国展開にたえうる物流システムが未整備 ・人材が質・量ともに不足	脅威 ・有力なライバルチェーンが多数存在

描いたとして，SWOT分析を実施したとしましょう。**図表2－3**がその実施例です。

まず社内の強み弱みを検討します。現在，メニューや店舗のサービスなどが非常に魅力的で，顧客から高い支持を集め，良く利益が出ているとすれば，そうした「メニュー」や，「店舗接客サービス」，「潤沢な資金」が会社の強みとなります。他方で，まだ全国展開していないのですから，物流などの仕組みが全国展開に対応できる形にはなっていませんし，人員も足りていません。これらが弱みとなるわけです。

次に，外部にある機会や脅威をみていくとしましょう。既存顧客からの高い支持は明確な外部の良い要因です。大きな利益を上げていることから，投資家から高い評価を得ているとしたら，それも今後の事業拡大のための重要な機会となります。他方，これから全国に進出しようとすれば，多くの既存居酒屋チェーンと競合していくことになりますから，それが今後の経営の最重要外部課題となるはずです。

このような分析ができたとしたら，今後，あるべき姿を達成するために，会社として何をしていくべきかがみえてくるはずです。たとえば，この**図表2－3**の整理に基づくなら，「居酒屋チェーンとして全国展開を狙っていくためには，まず物流などのシステム整備や人材育成が急務であり，そのために資金調達の行動を起こそう」というように，次に行うべき行動がみえてくることになるのです。

3.3 シナリオを描く

第3のステップは，**シナリオを描いていくこと**です。あるべき姿と，現時点とが描かれたのであれば，最後はその2つを結びつければよいのです。ここで，何よりも大切であることは，最も効果的なポイントを集中的に狙うということです。戦略上のフォーカス（焦点）を作る，などと呼ばれます。「できることは，何でもやる」，「莫大な資源を投入して物量で押し切る」では，思考をこらした戦略だとはいえません。目標達成のために最も効果的な点はどこかを探し，限られた資源の中でその攻略を成し遂げるための方策を練ることが，戦略的な思考です（福永［2007］）。

攻略の肝心ポイント一点を集中的に狙うことは，しばしば「ボウリングのセンターピンを狙う」ことにたとえられます。センターピンとはすなわち，そこをうまく倒せばすべてのピンが波及的に倒れる所です。ボウリングをするときをイメージしてみましょう。センターピンは，①最も効果的な1点であり，②一番近くて，見えやすい（わかりやすい）目標点である。③そこを倒すために渾身の1球を投げ込み，④うまく攻略できたら，そこを足がかりに連鎖的に関連ポイントを攻略していくのです。こうした特徴を有する点の発見と，そこの攻略の仕方こそが，よいシナリオの核となります。

以上が，基本的な経営戦略立案のためのステップとその要点となります。皆さんはここをスタート地点に，次章から一歩ずつ分析・思考の技術を高度化していくことになります。まずは，この基本をしっかり固められるよう，実践的に身につけるようにするとよいでしょう。

Exercise　練習しよう

企業を1つ採り上げ，1）あるべき姿を定め，2）SWOTで現状を分析し，3）攻略すべき戦略上のフォーカスを定めて，戦略を立ててください。

▶▶▶さらに学びたい人のために

- 金谷治［2000］『新訂　孫子』岩波書店。
- 楠木建［2010］『ストーリーとしての競争戦略—優れた戦略の条件』東洋経済新報社。

参考文献

- H.I. Ansoff［2007］*Strategic Management*, Classic Edition, Palgrave Macmillan.（H. I. アンゾフ著，中村元一監訳『<新装版>アンゾフ戦略経営論』中央経済社，2015年。）
- 福永雅文［2007］『ランチェスター戦略「一点突破」の法則』日本実業出版社。
- H. Mintzberg［2013］*Simply Managing: What Managers Do - and Can Do Better*, Berrett-Koehler Publishers.（H. ミンツバーグ著，池村千秋訳『エッセンシャル版　ミンツバーグ　マネジャー論』日経BP社，2014年。）
- 奥井俊史［2009］『日本発ハーレーダビッドソンがめざした顧客との「絆」づくり』ファーストプレス。

第 II 部

戦略の分析

第3章
利益：プロフィット

第4章
構造：ストラクチャー

第5章
位置：ポジショニング

第6章
資源：リソース

第7章
相手：ゲーム

第3章 利益：プロフィット

3つのレベルで企業の利益をみる

Learning Points

▶戦略分析では「利益」を中心的な分析対象にします。どうして利益という数値が重視されなければならないのか，利益とははたして何を意味するものであるのかを理解しましょう。

▶利益といっても，その総額が目標になることもあれば，稼ぐ効率が問題になることがあります。2つの観点の違いを理解して企業の業績を評価できるようにしましょう。

▶戦略分析とは，業界構造，業界内ポジショニング，経営資源という3つのレベルから企業の利益を分析するものであることを理解しましょう。

Key Words

利益額　利益率　あるべき姿の達成指標と達成手段　3レベルの分析視点

1 戦略分析の概要をつかむ

本章からの第II部では，よい戦略を生むための土台となる，**企業を取り巻く現状分析**：戦略分析のための理論と手法を学んでいきます。この戦略分析は，今を正しく知るのみならず，成否をにぎっている要因を発見したり，解決の糸口となるアイデアを発想したりするために行います。それをもとに戦略を構想し，仮説検証を繰り返しながら次なる戦略を定めていくのです（本書ではそれを第III部で学びます）。

そのスタートとなる本章では，戦略分析の全体像をつかむことにしましょう。戦略分析では，企業の利益を増減させているものは何かという視点から，大きく3つのレベルで企業を取り巻く現状を調べていきます。より詳細な議論に入る前に，皆さんにはまず，どうして「利益」が中心的に検討される必要があるのか，そしてなぜ「3つの視点」が必要になるのかを理解してもらう必要があります。本章での議論やワークの中から，皆さんにはそれを体得してもらいたいと思います。

2 利益とは何か

2.1 どうして利益が大切なのか

それでは，「なぜ，戦略分析では利益の視点から企業の現状を分析するのか」から議論をスタートしましょう。前章をよく理解された方であれば，いきなり本章で異なることを言い出しているように思われる方もいるのではないかと思います。第2章では，企業のあるべき姿を，利益だけに絞るのではなく，どういうヴィジョンを描き，社会にどう貢献していくのか，なるべく具体的に描くべきだとお伝えしました。しかし，本章では，戦略分析ではもっぱら「どうやって利益をあげるか」だけに絞って検討していく，といっているわけです。

実は，「企業としてのあるべき姿は豊かに具体的に描く」ということと，「分析は利益を軸に行う」ということは，矛盾もしておらず，互いに密接に関連しているのです。企業が目指すべきゴールは，あくまで「豊かに，具体的に」描かれるべきものです。利益とは，(1)描かれた豊かなゴールがどのくらい達成できているかの最重要指標であり，同時にまた(2)そのゴールを達成するための最重要手段でもあるものなのです。

このことを理解するためには，「利益というものはなぜ，企業経営で重要とされるのか」ということを突きつめて考えていく必要があります。以下の問いには，ぜひ皆さん自身で一度取り組んでみてください。

Let's think　考えてみよう

利益は，企業が上げた売上から，かかった費用を差し引いた金額です。

利益 ＝ 売上 － 費用

①「何をすると，より利益を稼げるのか」という視点から，利益が持つ意味を考えてみてください。

②「どのようなことに利益は使われるのか」という視点から，利益が持つ意味を考えてみてください。

2.2 利益はどのようなときに生まれてくるのか

まず①のほうを考えてみましょう。上記の式からわかるように，利益を増やすには，売上を高め，費用を減らせばよいことになります。

売上は，企業の製品・サービスの販売総額です。企業の売上が増えるのは，それを必要としている人数が増えるか，人数は変わらなくとも，より高い価値を認めてもらえたときです。人数の増加にせよ，価格の上昇にせよ，社会でより必要とされたときに，売上は増える。当たり前のように聞こえますが，ここではその当たり前を再確認することに意味があります。売上とは，どのくらい多くの人が，どのくらいの価値を自社の商品・サービスに見出しているかを反映しているものであるわけです。

一方，**費用**とは，あなたの企業が事業活動をどれくらい効率的に行ったかを表す数値です。地球上の資源は有限です。天然資源のみならず，労働力だって，お金だって有限なのです。そうした有限の資源を，湯水のように使ったとしたら，資源が枯渇してしまいます。そうならないように，各種の資源には値段が付けられ，対価を払って購入するというルールが出来上がっているのです。費用がかさんでいるときは，資源を効率的に使えていないときです。逆に，費用が少なく済んでいるときは，資源をより効率的に使えているということを意味します。

このように考えると，**利益**というものは，必要とされているものを社会にどれだけ提供でき，そのためにどれだけ効率的に資源を使えたかの度合いなのだといえるわけです。まさに，利益というものは，企業としてのあるべき姿のうちでも，最も重要な部分に関する達成指標なのです。こうした理由で，利益というものが，企業経営で第1に優先されて考えられています。

2.3 利益はどのように使われるのか

②のほうも検討してみましょう。得られた利益は何に使われるか。その答えは，社内で資金として蓄えられるか（内部留保と呼ばれます），企業に出資している人に分け前として還元するか（配当と呼ばれます）です。

内部留保は，企業の次なる投資に使われるか，赤字が出るなどして財政的に厳しくなったときのために貯めておくためのものです。企業の次なる投資は，企業の活動をより拡張・充実させるために行われることです。設備投資であったり，人を雇用するお金であったり，技術開発であったり，福祉に回したりして，企業がより望ましい姿で活動できるようにお金を使うわけです。

後者の「企業の財政が厳しいときの蓄え」とは，企業が不調に陥ったときに，当座の人件費を払ったり，取引先や金融機関へと支払いをしたりして，企業を存続させるときに使われます。企業は常に好調でいられるわけでなく，良い製品が出せずに競合に顧客を奪われたり，あるいは自然災害などで損害を受けたりすることもありますから，そうしたときのために貯め込んでおくのです。

いずれにせよ，内部留保は，結局のところ，企業をより良いものにしたり，その活動を継続したりするために使われているわけです。

配当として使われる場合はどうでしょうか。出資者は，企業の活動に賛同して，お金をその企業の設立・運営のために投資したわけです。お金の出し手がいて，はじめて企業は設立・運営できます。そのお金の出し手である投資家に対して，少しずつお金を還元していく行為が配当です。配当がなければ，投資家は善意でお金を出しただけの，出し損になってしまうわけです。

投資家は，受け取った配当で生活費を稼ぎつつ，次なる投資に資金を回していきます。こうして配当は，自分たちを金銭的に支えてくれている人々

図表３－１▶▶▶利益は「あるべき姿」の達成指標であり，達成手段である

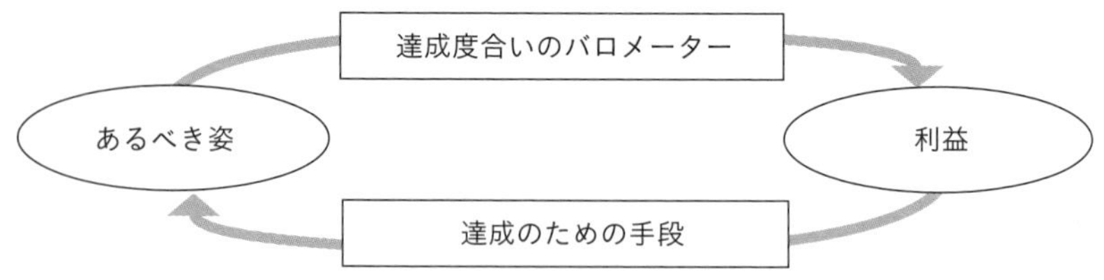

（投資家）の生活と，彼らが行う次なる投資，つまり社会全体の経済活動の活性化のために再び利用されていくことになるのです。

②の側面から利益とは何なのかをみたならば，いっそう，利益というものの重要性が理解されるはずです。得られた利益は，内部留保として，技術開発や人件費，設備投資といった企業活動をより良くするために使われます。あるいは，配当として投資家に配られたときには，自社を金銭的に支えてくれている人々の生活を支えるとともに，社会の経済活動をより活発にするために使われるのです。まさしく，利益は，自社の現在の活動を継続させ，より良いものとするための，重要手段の１つであるわけです。

このようにみれば，利益というものが，第１には，企業があるべき姿をどの程度達成できているのか，その達成度合いを測るバロメーターであるということ，第２には，企業があるべき姿をさらに追求していくための資金にもなるということがわかるはずです。経営戦略とは，あるべき姿を実現するための行動方針ですから，その達成バロメーターであり，それを今後も追求するための資金でもある，利益こそが最重要の指標となるのです（**図表３－１**）。

「利益を稼ぐ」ということは，ときに悪徳な行為であるようにみられることもあります（実際に悪徳な方法で利益が得られていることも残念ながらあります）。ですが，ここまでみてきたように，利益とは本来，企業が社会に貢献していくうえでの大切な指標であり資金なのです。

2.4 利益額と利益率

ここまでは単に「利益」とだけ述べてきましたが，実際の企業経営では利益「額」と利益「率」という2つの値に気を配ることになります。**利益額**とは，先ほどまで述べてきた，売上から費用を除いた利益の総額のことです。一方，**利益率**とは，売上高に占める利益額の割合（利益額／売上）です。この点を踏まえたうえで，以下の問題に取り組んでみてください。

Let's think　考えてみよう

以下の3つの企業はいずれも「レストラン」業界に属する企業です。最も望ましい業績を上げているのはどの企業だと言えるでしょうか。順位付けしてみてください。

企業A　売上500億円　利益額40億円　利益率 8%
企業B　売上100億円　利益額30億円　利益率30%
企業C　売上200億円　利益額20億円　利益率10%

皆さんは，どのような答えを出したでしょうか。実は，この3つの企業のうち，いずれを「よい」と評価するかは，人によって答えが変わります。企業として，どういう状態が「あるべき姿」なのか，それによって目指すべき利益のかたちが変わってくるからです。

利益額で評価すればA→B→Cの順番です。単純に，多くのお金が稼げているほど，新規出店や，設備投資，人材開発や採用といった次なる投資により多くのお金を回すことができます。その企業が目指している姿が，規模を拡大してより大きくなるというものでしたら，利益額をなるべくたくさん稼ぎ出すことが正解だといってよいでしょう。

より効率的に稼げているかどうかという観点であれば，利益率で評価すべきでしょう。最も少ない費用で，高い利益を稼いでいるのはBです。食材や，設備，人材を大変効率的に使って，利益を稼げていることが推察されます。逆にAは，40億円の利益を稼ぎ出すために，実に460億円もの費用をかけてしまっていますから，うまく企業の資源を効率的に使えているとは評価できないわけです。企業の目標が，少ない投資で最大限の成果を上げることにあるなら，利益率を評価基準とすべきです。

またもし，売上と利益率のバランスを考えるならば，Cも決して悪い経営状態とはいえません。確かに利益額・利益率の両面でBに劣りますが，CはBの倍の売上をあげているのです。売上が「社会に必要とされている度合いのバロメーター」であるなら，CはBよりもレストランとして社会により必要とされながら，一定の利益を稼いでいる企業として評価できるかもしれません。

以上のように，「利益」と一言でいっても，どのような状態が望ましいかは，どのような「あるべき姿」を描くかによって変わってくることとなります。逆にいえば，企業が目指す「あるべき姿」は，これらの利益額・利益率・売上・費用といった数値を複合的に用いて，数値で表現することも経営者には求められることになります。

3 利益の決定要因を分析する視点

3.1 戦略分析の中心的な狙いは利益の決定要因を探ること

ここまでの議論を通じて，皆さんは，企業経営において利益（利益額・利益率）がなぜ大切であるかをよく理解いただけたと思います。ですから，経営戦略を立案するときには，まずは，企業の利益がどのような原因によって増減しているのかを分析することから始まります。

残念ながら，誠心誠意に事業活動をしていても，自分たちのやり方が悪いのか，置かれている状況が悪いのか，あるいは顧客に必要とされていないのか，何らかの理由によって十分な利益を上げられないときが企業にはあるのです。そうした状況を打破するために，自社をめぐる利益の増加・減少理由を探ることが，戦略分析の中心的な狙いとなるのです。

皆さんにはぜひ，続くワークを通じて，「利益が増減する理由」を分析するためのフレームワークを獲得していただきたいと思います。なお，一口に利益率といっても，実際にはいろいろな種類の利益率があり，目的に応じて使われています。本章のここまでは，売上高に占める利益額の割合である営業利益率（利益額／売上）で説明をしてきましたが，ここからは総資本利益率（利益額／総資本）という指標を使っていきましょう。この指標は企業が調達したお金（総資本）をどれだけ効率的に使用したかを示しています。

Let's think　考えてみよう

以下の表は，2017年の日本企業の利益額・利益率トップ10です。

① リストにある企業で知らない企業があれば，どんな企業か簡単に調べてみましょう。

② リストにある企業をグループ分けしてみましょう。似た特徴を持つ企業を集めていくつかのグループに分けてみてください（どのグループにも当てはまらない企業は，そのままで構いません）。

③ 作成したグループに基づいて，儲かっている企業の特徴を考えてみましょう（時間があれば，どのグループにも当てはまらなかった企業の特徴も考えてみましょう）。

利益額・利益率の高い企業トップ10

	利益額	総資本利益率（ROA: Return on Asset）
1	トヨタ	ミクシィ
2	NTT	カカクコム
3	ソフトバンク	ガンホー
4	KDDI	スタートトゥデイ
5	日産	イグニス
6	NTT ドコモ	Aiming
7	日立製作所	JAC Recruitment
8	JR 東海	AppBank
9	SUBARU	日本 M&A センター
10	JT	オロ

＊このデータは，インターネットで「総資本利益率（ROA）」，「ランキング」等のキーワードを入力すると簡単に入手できます。
より最近のデータでもぜひトライしてみてください。

3.2 利益を決定するもの(1) 業界の違い

皆さんはおそらく，利益額ランキングに並ぶ企業が，特定の業界に集中していることに気がつかれたのではないかと思います。利益額トップ10には，自動車企業が3社（トヨタ，日産自動車，SUBARU），通信関連企業が4社（NTT，ソフトバンク，KDDI，NTTドコモ）も入っています。どちらも非常に売上規模自体が大きい業界で，結果として利益額も莫大なものとなっているようです。

利益率トップ10のほうも，特定の業界が集中していることがわかるはずです。具体的には，インターネット関連の企業がこちらでは多くみられます。とりわけ主力事業がゲーム関連のスマートフォンアプリの制作・運営である企業が4社（ミクシィ，ガンホー，イグニス，Aiming）も入っています。これらの企業は売上こそ小さいものの，非常に費用が安くつき，利益率が高くなりやすい傾向にあるのです。

こうした分析結果はきわめて妥当なものです。利益の大きさに影響を与える最も大きな要素は，「どの業界で活動をしているか」です。世の中には，そもそも儲かりやすい業界と儲かりにくい業界があるのです。通信業界や自動車業界は，簡単には参入しづらく，競合している企業数も限られています。そのため，競争は比較的緩やかになりやすく，儲かりやすいのです。インターネット関連サービス，とりわけゲーム関連のスマートフォンアプリの制作・運営は，費用が安く済むわりに顧客が気前よくお金を払ってくれるので，とても利益率が上がりやすくなっています。

その一方で，現状ではきわめて利益が出にくい業界も存在します。外食産業は一般的に非常に儲けが出にくい業界です。多くの人が新しい居酒屋やラーメン屋，レストランを開業し，ちょっとでも安くて美味しければ顧客は流れてしまいます。近年では出版業界も儲かりにくくなっているといわれています。皆がスマートフォンで情報を得るようになり，雑誌や本で情報を得る人が年々減少しているからです。こうした，儲かりにくい業界で事業を行っていると，どれほど頑張ったとしても，それが報われない可能性があるのです。

このように，企業の利益は，第1には「どの業界にいるか」が大きな影響を与えています。そこで，経営戦略論の歴史の中ではまず，どのような業界構造だと，企業が儲かりやすくなるのか，**業界全体の構造分析**をする手法が1970年代から発達していくのです。

その代表的な学者が，マイケル・ポーター教授です。彼は『競争の戦略』という本の中で，**5要因分析**と呼ばれる業界の構造分析の手法を提示しました。この手法を用いれば，ある産業が利益を得やすいかどうか，また利益を圧迫している要因がどこにあり，どのようにそれを取り除くかを検討することができます（ポーター［1980］）。本書でも，続く第4章でこの5要因分析を解説し，まずは皆さんに業界が儲かりやすいかどうかの構造分析をする手法を身につけてもらいたいと思います。

3.3 利益を決定するもの(2) 業界内でのポジションの違い

利益額ランキングでは，自動車業界から3社がランクインしており，自動車業界が儲かりやすい業界であることを印象づけていました。しかしながら，日本には自動車企業が十数社も存在しており，中にはあまり利益を上げられていない企業も存在しています。世界に目を向ければ，アメリカのフォード自動車やゼネラルモーターズは日本の自動車企業ほどの利益を上げることができていません。自動車業界だからといって，誰でも儲かるわけではなさそうです。

このような業界内での企業ごとの利益の違いは，産業内でのどのような位置取りにいるかの違いによるものです。たとえば，同じ商品やサービスを提供していても，低価格を売りにする企業もあれば，高級品として事業を行っている企業もあります。他の企業とは一線を画した特殊な市場に向けて，独自の製品を作っている企業もあるでしょう。このような企業の立ち位置の違いを，経営戦略論では**ポジショニングの違い**と呼びます。

この業界内ポジショニングの違いこそが，利益を決定する第2のレベルで

す。これを分析する手法も，業界全体を分析する手法と同時並行しながら1970年代－80年代に整備されています。本書では業界分析に続いて第5章でそれを解説していきます。

3.4 利益を決定するもの(3) 企業内部の経営資源

しかしながら，こうした「企業がどこで活動しているか」だけでは利益をすべて説明できるわけではありません。現実の世界をみると，儲かるはずの位置にいるはずなのに利益を上げることができていない企業はいくらでも発見できます。たとえば，トヨタ自動車とアメリカのフォード自動車は，どちらも大衆向け乗用車で，価格帯もおおよそ同じです。しかし，かたやトヨタは安定して2兆円を超える利益を出し，他方のフォードは業績の良い年でもわずかな利益しか出せず，悪い年には多くの赤字を計上しています。

こうした利益の違いをもたらしている第3のレベルは，**企業の経営資源**です。結局のところ，よい自動車を安く作れれば売れるし，それができなければ消費者は買わないのです。よい自動車を作れるかどうかは，技術開発，商品開発，生産技術そして量産現場といった部門の実力次第です。そうした，社内に蓄えられた各種の活動を遂行するための要素や能力をまとめて経営資源と呼びます。顧客が欲するものを，必要としているときに，適正な価格で提供することができるかどうかは，結局その企業にそれができるだけの経営資源が蓄積されているかどうかなのです。業界内で「どのようなポジショニングを取っているか」は，そこに何ら影響を与えません。

このような，企業経営の本質は，内部に蓄えられた経営資源であるとする考え方を，経営戦略論では「**リソース・ベースド・ビュー**」と呼びます（バーニー［2003］）。この利益を決定する第3レベルであり，企業の根源的な違いを生み出す要素である経営資源を分析する方法は，第6章で解説していきます。

4 分析することの目的は構想することにある

戦略分析を行う際には，業界，業界内ポジショニング，経営資源という3つのレベルをバランスよく行うことが大切です（図表3－2）。いずれかに偏ることなく，3つのレベルから現状を捉えたならば，自社の置かれた状況についてより正確・客観的に把握することができるでしょう。正しい状況理解は，よい戦略を生むための土壌です。皆さんにはぜひ次章以降でその技法を磨いてもらいたいと思います。

ただし，分析しただけではそれは戦略にはなり得ないのだということを，本章の締めくくりに強調しておきたいと思います。冷静な状況分析と，それに続く創造的な戦略の構想の両方があってはじめて，経営戦略は生まれます。分析ばかり上手で，策略は立てられないという状況は避けなければなりません。本章はその戦略構想を第Ⅲ部で集中的に取り扱いますが，次章以降の分

図表3－2 ▶▶▶ 戦略分析の3レベル：業界構造，業界内ポジショニング，経営資源

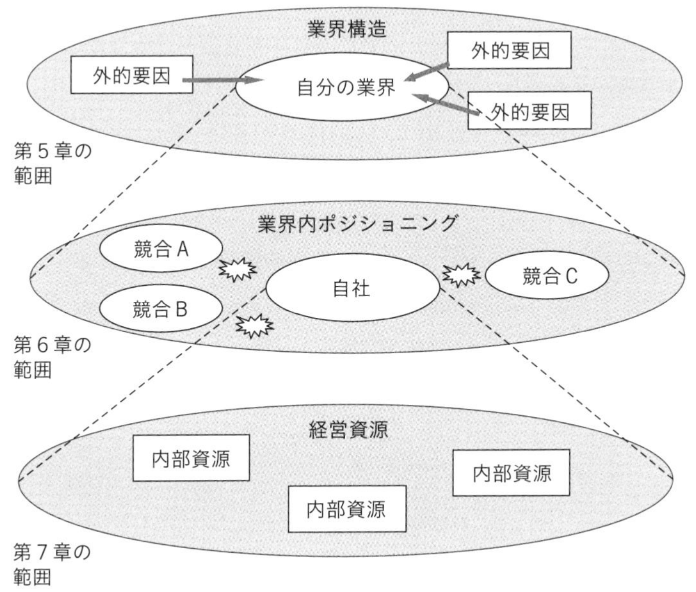

析手法を学んでいく過程でも，本書では「分析をもとに戦略案を発想する」練習を取り入れています。分析と発想では，それぞれ必要な思考のパターンが変わってきますから，第II部の中でも，発想のための思考訓練に取り組んでもらうこととしました。分析と発想，両方の能力を高められるよう，皆さんも意識的に取り組むようにしてみてください。

Exercise　練習しよう

自由に企業を1つ選んで，1）その企業が所属する業界は儲かりやすいかどうか，2）業界内でのポジショニングは儲かりやすいかどうか，そして3）企業の内部の経営資源は他社に秀でたものかを，簡単に検討してみてください。

（詳細な分析の仕方は，次章以降でお伝えしますので，まずは簡単に，3レベルがどう違っていて，それぞれがどう業績に影響を与えているかを感覚的につかんでもらうことが狙いです。）

▶▶▶さらに学びたい人のために

- 青島矢一・加藤俊彦［2012］『競争戦略論（第2版）』東洋経済新報社。
- J. B. Barney［1997］*Gaining and Sustaining Competitive Advantage*, Addison-Wesley.（J. B. バーニー著，岡田正大訳『企業戦略論―競争優位の構築と持続（上）基本編』ダイヤモンド社，2003年）
- M. A. Hitt, R. D. Ireland and R. E. Hoskisson［2014］*Strategic Management: Competitiveness and Globalization*, 11th Edition, Cengage Learning.（M. A. ヒット，R. D. アイルランド，R. E. ホスキソン著，久原正治・横山寛美監訳『戦略経営論―競争力とグローバリゼーション（改訂新版）』同友館，2014年）
- M. E. Porter［1980］*Competitive Strategy: Techniques for Analyzing Industries and Competitors*, Free Press.（M. E. ポーター著，土岐坤・中辻萬治・服部照夫訳『競争の戦略』ダイヤモンド社，1995年）

参考文献

●P. F. Drucker［2006］*The Practice of Management*, Reissue Edition, HarperBusiness.（P. F. ドラッカー著，上田敦生訳『現代の経営』ダイヤモンド社，2006年）

●J. B. Barney［1997］*Gaining and Sustaining Competitive Advantage,* Addison-Wesley.（J. B. バーニー著，岡田正大訳『企業戦略論―競争優位の構築と持続（上）基本編』ダイヤモンド社，2003年）

●M. E. Porter［1980］*Competitive Strategy: Techniques for Analyzing Industries and Competitors,* Free Press.（M. E. ポーター著，土岐坤・中辻萬治・服部照夫訳『競争の戦略』ダイヤモンド社，1995年）

第4章 構造：ストラクチャー

5要因分析で戦略を立てる

Learning Points

- 業界構造分析の中核理論，ポーターの5要因分析の全体構造をつかみましょう。
- 競合企業，新規参入，代替品による顧客市場の取り合い構造とはどのようなものかを理解し，その構造を改善するための方策を立てられるようになりましょう。
- 買い手と供給業者による価値の取り合い構造とは何なのか，交渉力という概念を軸に理解し，それを改善する策を立てられるようになりましょう。

Key Words

ポーターの5要因分析　市場の取り合い　価値の取り合い

1 業界構造とポーターの5要因分析

1.1 業界構造：業界の儲かりやすさを左右するもの

前章で確認しましたように，経営戦略論では，企業の利益水準を決定する条件を「**業界構造**」「**業界内ポジショニング**」「**経営資源**」という3つのレベルから捉えます。本章からは，この3レベルを1つずつ順に検討し，戦略分析の技法を皆さんに身につけてもらいます。まずは，企業を取り巻く周辺状況である，業界構造を取り扱っていきましょう。

さて，われわれは前章において，儲かりやすさが業界によって大きく異なってくるということを確認しました。自動車やインターネット関連サービスは利益を上げやすく，外食や出版は儲かりにくい……といった，業界差が存在していたわけです。

本章で皆さんが身につけるのは，そうした「業界の儲かりやすさ／儲けにくさ」の原因を特定するための手法です。特定の業界が利益を上げやすくなっているのは，なにも偶然や幸運によるものではありません。儲かりやすい構造というものは，確かにそこに存在しているのです。この儲かりやすさを決定する諸要因のことを業界構造と呼びます。

自動車業界が儲かりやすいのは，そう簡単には参入できないからです。自動車業界に新規参入するためには，莫大な資金と大変高い技術力が必要になります。また，自動車業界の儲かりやすさのもう１つの理由は，顧客の値下げ圧力が小さいことにも求められます。顧客は自動車を，長期間にわたって愛用する，自分の人生を彩る替えのきかないものとして購入します。また，命を預かるものでもありますから，やたらと機能や品質を削って低価格で販売されるよりは，一定の品質を維持して，ほどほどの値段で販売されるほうが顧客の心理として安心できます。

一方，外食産業が儲かりにくいのは，ちょうどその真逆だからです。街中を見れば日々，新しいファストフードやレストランが作られています。顧客からの値下げ圧力も強く，少しでも値段が高いと，とたんに客足が離れてしまいます。

このように，儲かりやすさ・儲かりにくさには，明確な理由がそこにあります。そして，「企業がなぜ利益を上げられるのか」に強い興味を持って研究を進めてきた経営学者や経済学者のこれまでの努力によって，業界構造は，かなりの部分が解明されてきているのです。

そうした過去の研究成果をまとめ，包括的な分析モデルにまとめ上げたのが，戦略論の大家マイケル・ポーターです。彼は，業界の儲かりやすさを左右する要因を大きく５つに分類しました。現在では，それは「ポーターの５要因分析」の名前で知られます。この分析手法は，企業を取り巻く周辺構造を，洩れなく，体系的に理解できる手法として知られています。皆さんにはこれを，ぜひとも使いこなせるよう，練習してもらいたいと思います。

1.2 ポーターの5要因分析

ポーターの5要因分析とは，業界を取り巻く構造を，①競合企業，②新規参入業者，③代替品（だいたいひん），④買い手，⑤供給業者の5つの要因から分析していく手法です（**図表4－1**）。とはいえ，5つの要因と唐突にいわれても，なかなかイメージが湧かないと思いますから，まずは設問を通して，業界構造が何を指しているのか考えていきましょう。

Let's think　考えてみよう

「餃子の王将」は中華料理のチェーンとして日本で最も成功した会社の1つです。この会社のことを調べながら，以下の問いに答えてください。

①競合企業：同じような商品・サービスを提供している会社をなるべくたくさん挙げてください。
②新規参入：中華料理店を新しく始めることは簡単ですか，難しいですか。また，中華料理店に新しく参入してきそうな会社を挙げられますか。
③代替品：この会社の提供している商品・サービスとは異なるけれども，同じ顧客ニーズを満たしている別種の商品・サービスはどのようなものがあるでしょうか。
④買い手：これらの会社の商品やサービスの顧客は誰ですか。なるべく具体的にいろいろな顧客像や利用シーンを挙げてください。
⑤供給業者：この会社はどのような設備や材料を調達していますか。それをどのような会社から調達しているでしょうか。

それでは，順番に考えていきましょう。①の競合企業に関しては，国内のさまざまな中華料理屋がライバルだと言えるでしょう。ラーメン屋さんや，他の外食店も競合企業といってよいかもしれません。餃子の王将はこれらの店・会社とお客さんを奪い合っています。ライバルが少なく，また弱小であるほど，餃子の王将は儲かりやすくなるでしょう。

②の新規参入は，決して少なくないはずです。皆さんの地元で，どんどん

図表4－1 ▶▶▶ 5要因分析の全体像

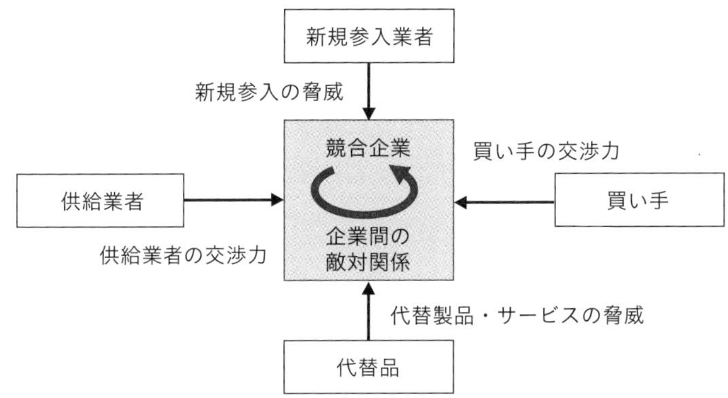

新しい中華料理屋やラーメン屋ができているはずです。大手の外食チェーンの新規参入も，決してないとはいえません。こうした新規参入は，将来への重大な脅威になるはずです。

③の代替品が示しているのは，もう少し広い意味での競争です。たとえば，弁当屋さんやコンビニエンスストア，スーパーで販売されている弁当・惣菜は，外食店が提供しているサービスとは多少異なりますが，「食事」という同じニーズを満たすという点では餃子の王将と競合しているといえます。こちらもやはり，相手が手ごわくなければ，餃子の王将は儲かりやすくなるはずです。

④の買い手とは，お店に食事に来るお客様です。ファミリー層や，働いている男性が主要な顧客でしょう。ランチや夕食が，その主な利用シーンかと思います。顧客がなかなかうまくつかめなければ，王将は値下げをしたりさまざまなキャンペーンをしたりして，費用をかけて顧客の関心を惹かねばなりません。しかし，もし王将が手間と費用をかけることなく上手に顧客を引き寄せることができれば，利益はより上がりやすくなるはずです。

⑤の供給業者とは，野菜を提供してくれている農家さんや，設備を提供している会社です。これらの材料や設備の調達が安く済めば，それだけ利益が増やせるわけですから，これらの会社ともうまく付き合えれば，より儲かりやすい構造がつくれるでしょう。

具体例をみて，5つの要因というものを，なんとなくは理解できたでしょうか。皆さんは，これらの要因がたしかに企業利益に影響を与えていそうだ，ということを感じ取れたのではないかと思います。これら要因のどこに課題があるのかを特定し，上手に対応策を打つことができれば，会社はより儲かりやすい状況を作り出すことができるわけです。

2　タテの３要因：顧客の奪い合い

さて，**図表４－１**で最初にご紹介した５要因分析の全体図ですが，この分析は大きく分けて，タテの３つの要因とヨコの２つの要因とに分けられます。いきなり５つの要因を同時に「暗記」しようとすると，この手法は使えるようにはなりません。内容の異なるタテ３つとヨコ２つに分けて，順番に，その意味を理解しようとしながら進めることが大切です。

タテの３要因，すなわち「競合企業」，「新規参入」，「代替品」は，同じ顧客市場を奪い合っている３つの要因です（**図表４－２**）。これら３つが顧客市場を大きく奪っているなら，自社は利益を上げにくくなり，逆にこれら３つがさしたる脅威でなければ，自社はより収益を上げやすくなるのです。順番に，検討していきましょう。

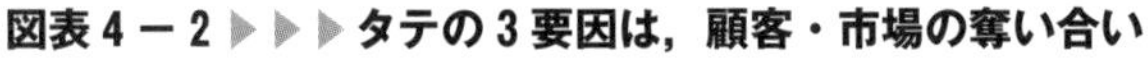
図表４－２▶▶▶タテの３要因は，顧客・市場の奪い合い

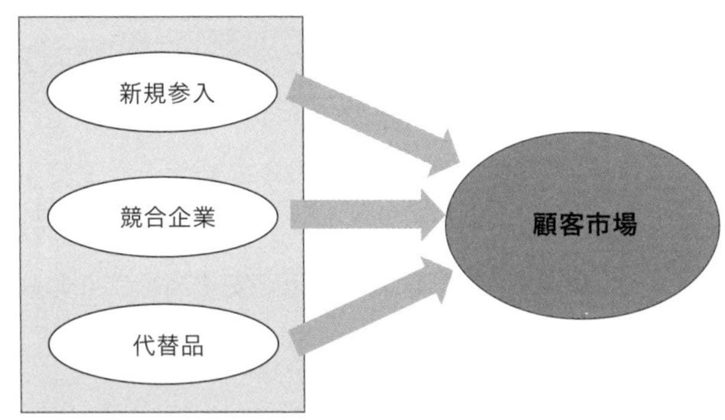

2.1 競合企業

まずは，**競合企業**から検討していきましょう。ここでは，自社と直接に競合し，市場を取り合っている企業の存在が，自社の収益をどれだけ圧迫しているのかを検討します。自動車産業におけるトヨタとホンダ，スマートフォンにおけるサムスンとアップル，コンビニにおけるセブンイレブンとファミリーマートなどが，競合企業の関係にある企業です。

図表４－３が，競合関係が厳しいかどうかの，チェックリストになります。これらの要因の多くが満たされているほど，競合関係は，自社の利益を圧迫する重大要因だと考えられるわけです。引き続き，餃子の王将の事例で取り組んでみましょう。

Let's think 考えてみよう

餃子の王将にとって，競合企業は重要な利益圧迫要因でしょうか。特に，どういった点や，どのような企業が重大なリスクとなりますか。

実際に，分析をしてみましょう。餃子の王将が所属している外食産業は，たいへん多くの競合企業が存在しています。その多くが，餃子の王将と同じく，ファミリー層や社会人のランチや夕食需要を取ろうとしています。餃子の王将が提供している中華料理と別種の外食ジャンル（イタリアン，フレンチ，和食など）は棲み分けができているようにみえますが，逆にいえば競合他社は自社にはない食事メニューを提供できる（自社にはない能力を持っている）わけで，もしそうした競合企業がシェアを伸ばしてきたとしても，う

図表４－３ ▶▶▶競合企業の脅威　チェックポイント

・競合企業の数が多い ・競合企業が手ごわい ・競合企業と棲み分けしていない ・競合企業は，自社にはない能力を持っている	・市場成長率が低い。結果として，市場の奪い合いが起こりやすい ・規模の経済が働きやすく，市場を多く奪ったほうが利益を出しやすい。結果として，市場の奪い合いが起こりやすい

まくそれに対抗はできないかもしれません。加えて，日本の外食産業は今後も急拡大する余地は少なく，限られた市場を奪い合う激しい競争が，今後も起こるであろうと考えられるのです。

このように考えると，餃子の王将を取り巻く「競合企業の状況」は非常に深刻で，利益を大いに圧迫していると考えることができます。餃子の王将としては，この課題に対して何らかの対応をとるべきであるといえるでしょう。

2.2 新規参入の脅威

続いて，**新規参入の脅威**を考えてみましょう。強力なライバルが業界に新たに参入してくることによって，自社の業績が急速に悪化するということは，たびたびみられる現象です。日本の飲料業界では，エナジードリンク「レッドブル」の新規参入により，従来の飲料メーカーは大きな市場を奪われてしまいました。Booking.com や Expedia などのオンライン旅行会社（OTA）の参入により，旧来のリアルな店舗網を中心とする旅行会社は価格破壊の波にのまれて，収益性を悪化させています。こうした新規参入が，近い将来に起こりうるかどうかを検討しておき，それに備えておくべきだと考えられるわけです。

新規参入が起こりうるかどうかは，参入にあたってのさまざまな障害「参入障壁」の高さと，参入後に予想される反撃の強さによって決まります。要因は，**図表４－４**にまとめています。この表に挙げた項目のうち，当てはまるものが多ければ，新規参入の恐れが強いと考えられるのです。これを用いて，再び，餃子の王将の状況を分析してみてください。

図表４－４ ▶▶▶ 新規参入の脅威　チェックリスト

・小規模に事業を開始できる（最初から大規模に展開する必要がある場合は，参入が難しい） ・参入に必要な資源や学習事項が少ない	・参入にあたって，流通チャネルなどの取引関係を揃える必要が少ない ・顧客があまり囲い込まれていない ・政策・法律で保護されていない

Let's think　考えてみよう

餃子の王将にとって，新規参入は重要な利益圧迫要因でしょうか。特に，どういった点や，どのような企業の参入が重大なリスクとなりますか。

餃子の王将の場合は，自社の立場が政策や法律で保護されているということもありませんし，残念ながら確固たるブランドを築いて顧客を囲い込んでいるということもありません。外食産業への参入はたいへん容易です。皆さんも，自分の生活範囲内を見渡してみれば，新しいレストランや定食屋，ラーメン屋がどんどん新規に創業している様子を確認できるでしょう。こうした新規参入者の存在が，常に餃子の王将から顧客を奪っています。また，もしこうした新規参入業者の中から，大きく外食チェーンとして成長する会社が現れれば，重大な脅威になり得ます。新規参入もまた，餃子の王将の未来を脅かしているといえるでしょう。

2.3 代替品

3つ目のタテの要因：自社と同じ顧客市場を奪っている要因は，**代替品**です。代替品とは，自分たちの提供している商品やサービスの代わりになるもののことです。電車で，ある駅から隣の駅までの移動するときを考えた場合，バス，タクシー，自転車といった手段が，電車にとっての代替品と考えられます。メールと電話も，誰かと連絡を取り合う手段として代替品の関係にあります。遊園地とテレビゲームは，外出してアトラクションを体験するのか，家庭で遊ぶのかという，全く別の体験のようですが，どちらも余暇時間を楽しむもの，という意味で互いに代替品の関係にあります。

競合他社と新規参入に加えて，この代替品もまた，自社の市場を脅かしています。たくさんの代替品があるならば，そちらに市場を奪われ，自社の収益が圧迫されるでしょう。ですから，どのような代替品があるかをリストアップし，どのくらい市場を奪われているのかを検討することもまた脅威の分析として大切なことなのです。再び，餃子の王将でトライしてみてください。

Let's think 考えてみよう

餃子の王将にとって，代替品となるものは何でしょうか。なるべく多様に挙げ，それがどのくらい市場を奪っているのか検討してみてください。また，それらの代替品は，重要な利益圧迫要因でしょうか。

分析例を紹介します。餃子の王将にとっては，冷凍食品や，コンビニ弁当，スーパーの惣菜，食品のデリバリーサービス，自炊などが，代替品となると考えられます。外食産業においては，これらの代替品はいずれも見過ごすことはできません。実にさまざまなものが代替品として脅威になります。自炊の傾向が強まれば外食産業は全体として市場規模が小さくなる，という人々のライフスタイルの変化もまた，外食産業の動向に非常に強い影響を与えます。ですから，代替品もまた餃子の王将の重大な経営リスクであると結論づけざるを得ないでしょう。

このようにみてくると，餃子の王将は，競合企業，新規参入，代替品と，いずれにおいても，非常に多くの相手から顧客を奪われており，たいへん厳しい競争環境にあることがわかります。

しかし，われわれは今や顧客を奪っている要因を，おおよそつかむことができたのです。これらの要因をうまく回避・排除できるような戦略を立てることができれば，業績を改善することができるはずです。ですから，次のステップは，顧客市場を奪っている要因のうちから，特に深刻なものを選び出し，それを取り除く作戦を立てることです。ここで一度，戦略を発想する練習をしてみましょう。

Let's think 考えてみよう

餃子の王将の競合企業，新規参入，代替品の脅威のうち，深刻だと思われるものは何でしょうか。それを排除したり，回避したりするためには，どのような戦略が挙げられるでしょうか。

ここで注意すべきことは，値下げをしたり，広告をたくさん打ったりというような，費用をかけたり売上を圧迫するような方法は，本末転倒であるということです。われわれの本来の目的は，自社の利益を回復させることです。そのためにこそ，これら３要因の影響を排除しようとするわけですから，排除を試みた結果，逆に利益が圧迫されてしまうようであっては，いけないわけです。恒常的な費用負担にならない方法で，課題解決を図るべきです。

あくまで例ですが，具体的には以下のような方法がよく採られます。

- 有力ライバルを買収する。直接に競合企業を減らせるばかりでなく，経営規模を大きくして，コスト競争力を高めるなどして他のライバルや新規参入に対しても対抗力が高まる。
- 競合他社と棲み分ける。直接競合しないように工夫することで，価格競争などを避ける。
- 自社製品をブランド化，差別化する。顧客を自社ブランドで囲い込む。
- 代替品にはできない機能や価値をつける。
- 自ら代替品市場に攻め入り，そちらで積極的に市場を取り，代替品を提供する企業の駆逐を図るとともに，自社もそちらで一定の地位を築く。
- 新規参入を困難にするために，必要資源（人材，技術，設備，立地など）を占有する。

皆さんにはぜひこれらの方法を，餃子の王将を例にとり，具体的にどういう策になるかを考えてみてください。またそれを実施したとして，どのような効果になるかも，検討してみてもらいたいと思います。

以上のように，さまざまに策を構想し，有効と考えられるものを実行していくことで，外部の脅威を少しずつ低減していくことが，ポーターの５要因分析を用いた戦略立案です。

3 ヨコの2要因：価値の取り合い

3.1 価値の取り合いバランス

ポーターの5要因分析，残りの**2要因**も検討してみましょう。残りの2要因は，「買い手」と「供給業者」ですが，この2つについては先ほどと少し考え方を変える必要があります。部品・材料・設備の供給業者から，自分たちの業界を経由して，顧客まで至る流れは，川上から川下までの**産業のバリューチェーン**と呼ばれるものです。供給業者，自分たちの業界，顧客の3者は，この川の流れの上流・中流・下流で，商品が生み出している価値をそれぞれに取り合っているのです。

価値を取り合っている，とはどういう状況でしょうか。再び餃子の王将をイメージしてもらいながら，解説していきましょう。たとえば，あるラーメンが500円の価格で提供されていたとしましょう。このとき，このラーメンの価値は，実は500円ではありません。買い手（顧客）は，「500円よりも高い価値をそのラーメンに感じている」から，500円を払っているのです。もし顧客が，そのラーメンを大変高く評価しており，1,000円出しても構わないと思っているとすれば，そのラーメンの価値は「1,000円」です。買い手がその商品に感じている評価額こそが，その商品の価値なのです。

この状況をもう少し分析してみましょう。買い手が「このラーメンには1,000円の価値がある」と感じている，という状況は，買い手は，そのラーメンから得られる物質的・精神的充足度を金銭的に見積もって，1,000円分の価値だ，と“計算している”ことを意味しています。もちろん，日常生活の中では人はそんなに緻密に自分の充足度を毎回計算などしてはいないのですが，少なくとも「対価を払って買う」という行為は，自分は，価格と同等か，それ以上の価値を該当の商品・サービスに感じた，ということを意味しています。

もし買い手が1,000円の価値をこのラーメンに認め，わずかに500円しか支払わなくてよいとすれば，買い手はその差額の500円分の便益を，このラーメンの購入で手に入れたことになります。もしラーメンが600円で提供されていたとすれば，差額の400円分の価値が，買い手がこの取引で得た便益です。一方，餃子の王将は先ほどよりも100円多く，600円の売上をこのラーメンから稼ぐことができます。もしラーメンが300円だったらどうでしょうか。買い手の得た便益は700円にもなり，餃子の王将の売上は300円になります。

このようにみると，ラーメン1杯の値段によって，餃子の王将と，その買い手とは，価値の取り合いをしていることがわかるはずです。ラーメンが安く提供されたら，買い手が多くの価値を取り，餃子の王将は少ない価値（売上）しか得られません。ラーメンが高く提供されたとしたら，買い手の得る価値はより小さくなり，餃子の王将はより大きな価値を得ることができるわけです。

買い手との関係においては，値段を釣り上げて，こちらが一方的にたくさんの価値を取ればよいというわけではありません。買い手がその高値を嫌に感じ，離れてしまうかもしれません。しかし，それと同様に，値段をやたらと下げて提供するのも，正常な取引とはいえないのです。値下げは常に正しい経営行動というわけではありません。値下げを実現するために，労働者の報酬を切り詰め，供給業者への支払いを切り詰め，自身の報酬を切り詰めるのは，持続可能な経営努力とは言えません。**経営者の役割は，適正な買い手との価値の配分バランスを達成することです**。もし買い手への提供価格が低すぎるのであれば，何とかして適正価格を達成するために努力を払うべきです。

今度は，部品・設備・材料の供給業者との関係をみてみましょう。ラーメン1杯当たりの材料・設備のコストが200円であったとしましょう。もしラーメンが1杯500円で提供されていたとしたら，自分たちの取り分が300円，材料・設備業者の取り分が200円ということになります。こちらも同様に，設備・材料費用を下げることができれば自社の価値の取り分が増え，材料・設備供給業者の価値の取り分が減ります。逆に，材料・設備費用が上が

図表４－５ ▶▶▶ ヨコの２要因は製品・サービスの価値の取り合いバランス

れば，自社の取り分は減り，供給業者の取り分が増えます。こちらも，一方的にこちらがたくさん取ればよいわけでもなければ，一方的にこちらが譲って自分たちの取り分を切り詰めればよいわけでもありません。やはり，供給業者と，自社との適正な価値の取り分バランスの実現が経営者に求められることになるわけです。

以上の議論をまとめると，買い手に1,000円の価値を提供しうるラーメンを１杯500円で売り，その材料・設備費が200円だったとして，その価値は，供給業者が200円，買い手が500円，そして自社が300円と配分されることになるのです。上述のとおり，この配分構造のなかで，自社と他社との取り分のバランスが適正かどうかを見直し，是正措置をとることが，ポーターの５要因戦略，ヨコの軸の考え方になります（**図表４－５**）。

3.2 交渉力

それでは，供給業者と買い手との価値の配分バランスを決定しているものは何なのでしょうか。経済学や，経営学では，それはお互いの力関係，すなわち**交渉力の差**だと考えます。次の課題に取り組み，交渉力とは何なのかの学びを深めてもらいたいと思います。

Let's think　考えてみよう

あなたの提供するラーメンに対して，それぞれ以下の価値を見いだしている5人の買い手がいます（この5人しかいないとします）。あなたが価格を決めたとき，製品にそれ以上の価値を感じている人は，あなたの決めた価格で購入してくれますが，それ未満の価値しか感じていない人は製品を購入してくれません。あなたは，何円の価格を付けますか。なお，ラーメンの製造コストは1つ当たり700円です。

①競争相手はいないものとして考えた場合に，あなたは何円の価格をつけますか。

②自分の他にも類似の製品を提供する競争相手がいた場合に，あなたは何円の価格をつけますか。

- **Aさん：1,000円**
- **Bさん：900円**
- **Cさん：800円**
- **Dさん：700円**
- **Eさん：600円**

まずは競争相手がいない場合から考えていきましょう。皆さん何円の価格を設定しましたか。利益という観点からは最適な答えは900円です。900円のときには，製品1個当たりの利益が900円－700円＝200円となり，AさんとBさんの2人が製品を購入してくれるため200円×2で400円の利益となり最大となります。それ以外の場合は，以下の表のような利益額となりますから，900円が最も望ましい価格ということになります（**図表4－6**）。

次に，競争相手がいる場合を考えてみましょう。この場合には何円の価格をつければよいでしょうか。おそらく多くの方が先ほどの900円よりも安くしようと考えたのではないでしょうか。競争相手が自分より安い価格を設定したら，お客さんは競争相手に持っていかれてしまいます。つまり，価格競争が繰り広げられることになるのです。価格が低下して製品コストの700円に近づけば，利益はゼロに近くなってしまいます。つまり，競争相手の存在によって，価格競争が起こり，利益が減少するのです。

この「自分たちの思うように価格を決めさせる力」が，**交渉力**です。この

図表４－６▶▶▶ラーメンの価格設定と利益

売価	1,000円	900円	800円	700円	600円
コスト	700円	700円	700円	700円	700円
利益／個	300円	200円	100円	0円	-100円
A	○	○	○	○	○
B	×	○	○	○	○
C	×	×	○	○	○
D	×	×	×	○	○
E	×	×	×	×	○
売れた数	1	2	3	4	5
総利益	300円	400円	300円	0円	-500円

注：○は買う，×は買わない

例の場合，「競合他社がいる」という状況が，自社の交渉力を下げています。もっと競合他社がいれば，自社の交渉力はどんどん下がるでしょう。一方，もし買い手が多数殺到するような状況だとしたら，自社の交渉力が高まるでしょう。無数の買い手が自社商品を買い求めに殺到しているとき，自社は自分の売りたい値段で商売をすることができるはずです。

以上のような，「どちらが強気の交渉を行えるか」という視点で，買い手との関係，そして供給業者との関係を捉えていくことで，自社が十分に価値を得ることができているかをみることができるのです。**図表４－７**のチェックリストに，交渉力の決定要因を整理しておきますので，それを活用しながら，再び餃子の王将の例で取り組んでみてください。

図表４－７▶▶▶交渉力バランス　チェックリスト

・相手にとって自分たちは，重要な取引相手である ・相手にとって自分たちは，替えのきかない存在か ・取引相手は価格変化に敏感か	・自分たちにとって相手は，重要な取引相手である ・自分たちにとって相手は，替えのきかない存在か ・買収してしまうことができるか

Let's think　　考えてみよう

餃子の王将について分析してください。

1.　買い手（顧客）との関係

どちらのほうが交渉力が強いでしょうか。理由とともに検討してみてください。買い手との関係は重大な経営課題になっているでしょうか。

2.　供給業者との関係

どちらのほうが交渉力が強いでしょうか。理由とともに検討してみてください。供給業者との関係は重大な経営課題になっているでしょうか。

餃子の王将で簡単に検討してみましょう。まず，買い手については，現状では主要買い手であるサラリーマンやファミリー層にとって，餃子の王将は必ずしも「替えの効かない，重要な」お店ではないかもしれません。一方で，餃子の王将にとって，これら中核買い手への売上依存は小さくありません。ですから，交渉力バランスは，買い手のほうが強くなっていると考えられるわけです。

供給業者のほうも，餃子の王将にとっては難しい状況です。食の安全や国産化が叫ばれるなかで，優良な国内の食材供給者が引く手あまたとなっており，実際にそれが材料価格の高騰として問題となっています。

ここまで分析されたならば，次のプロセスはタテの要因の場合と同じです。経営を圧迫している課題が特定できたわけですから，それを取り除けるような策略を立てればよいわけです。

Let's think　　考えてみよう

餃子の王将が，買い手と供給業者との交渉力バランスを改善し，より良い条件で買い手と供給業者との取引ができるようになる戦略を挙げてみてください。

あくまで例ですが，買い手との交渉力バランスを良くするためには，他の買い手層，たとえば女性を狙っていけばよいかもしれません。また，現在の買い手にとって，「替えの効かない大切な食事場所」になれるよう，買い手の胃袋をがっちりつかめるような商品を開発することも大切でしょう。供給業者に関していえば，品質に優れた，海外の調達先を見つけ出したり，国内で有力な専属契約の農家を育成するなどの方法もあるでしょう。

4 大切な要因を見つける

本章では企業の利益を左右する第1のレベル：業界構造の分析手法として，

図表4－8 ▶▶▶ 5要因分析の要因リスト

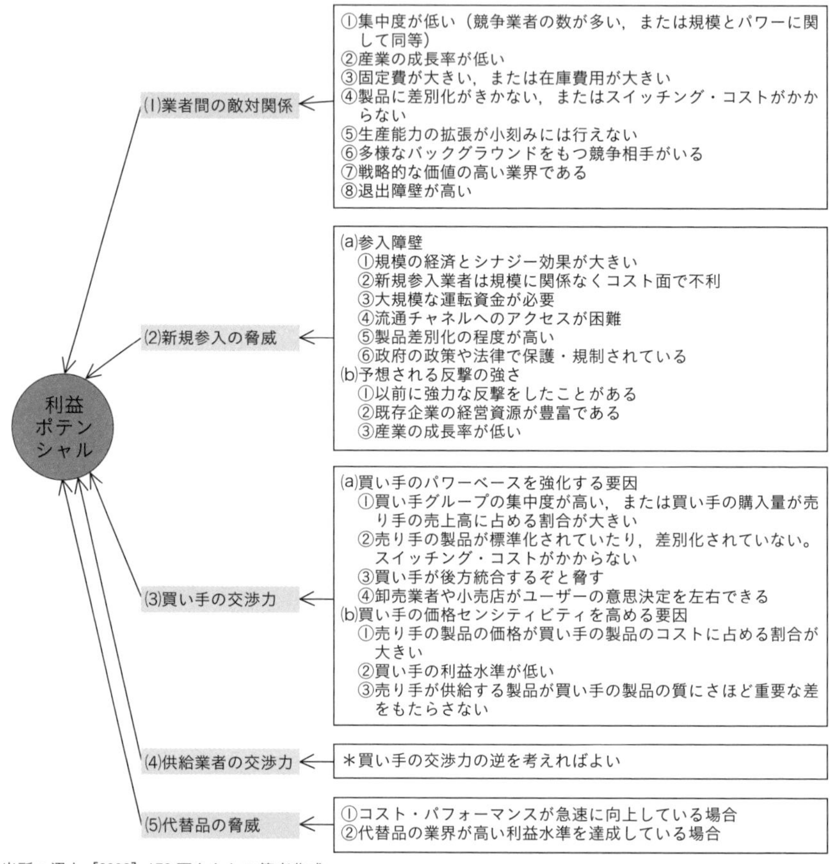

利益ポテンシャル
(1)業者間の敵対関係
①集中度が低い（競争業者の数が多い，または規模とパワーに関して同等）
②産業の成長率が低い
③固定費が大きい，または在庫費用が大きい
④製品に差別化がきかない，またはスイッチング・コストがかからない
⑤生産能力の拡張が小刻みには行えない
⑥多様なバックグラウンドをもつ競争相手がいる
⑦戦略的な価値の高い業界である
⑧退出障壁が高い
(2)新規参入の脅威
(a)参入障壁
①規模の経済とシナジー効果が大きい
②新規参入業者は規模に関係なくコスト面で不利
③大規模な運転資金が必要
④流通チャネルへのアクセスが困難
⑤製品差別化の程度が高い
⑥政府の政策や法律で保護・規制されている
(b)予想される反撃の強さ
①以前に強力な反撃をしたことがある
②既存企業の経営資源が豊富である
③産業の成長率が低い
(3)買い手の交渉力
(a)買い手のパワーベースを強化する要因
①買い手グループの集中度が高い，または買い手の購入量が売り手の売上高に占める割合が大きい
②売り手の製品が標準化されていたり，差別化されていない。スイッチング・コストがかからない
③買い手が後方統合するぞと脅す
④卸売業者や小売店がユーザーの意思決定を左右できる
(b)買い手の価格センシティビティを高める要因
①売り手の製品の価格が買い手の製品のコストに占める割合が大きい
②買い手の利益水準が低い
③売り手が供給する製品が買い手の製品の質にさほど重要な差をもたらさない
(4)供給業者の交渉力
＊買い手の交渉力の逆を考えればよい
(5)代替品の脅威
①コスト・パフォーマンスが急速に向上している場合
②代替品の業界が高い利益水準を達成している場合

出所：沼上［2008］178頁をもとに筆者作成。

5要因分析を説明してきました。ここでみてきたように，たとえ非常に価値のある製品やサービスを提供していたとしても，利益はまた別の要因で決まってきます。ですから，会社がきちんと利益を上げていける状況にするため，業界構造の分析をしっかり行い，望ましい構造を作り出すことが，重要となるのです。最後に，5要因分析の俯瞰図となる表をもう一度紹介します（**図表4－8**）。5要因分析は大変有力な手法ですから，ぜひ，うまく使いこなせるようになってもらいたいと思います。

Exercise　練習しよう

自由に会社を1つ選び，その会社を取り巻く業界構造をポーターの5要因分析で検討してみてください。重大な利益圧迫要因が発見されたら，それを取り除くための戦略を考えてみてください。

▶▶▶さらに学びたい人のために

- 青島矢一・加藤俊彦［2012］『競争戦略論（第2版）』東洋経済新報社。
- 加藤俊彦［2014］『競争戦略』日本経済新聞出版社。
- J. B. Barney［1997］*Gaining and Sustaining Competitive Advantage*, Addison-Wesley.（J. B. バーニー著，岡田正大訳『企業戦略論―競争優位の構築と持続（上）基本編』ダイヤモンド社，2003年）
- M. A. Hitt, R. D. Ireland and R. E. Hoskisson［2014］*Strategic Management: Competitiveness and Globalization*, 11th Edition, Cengage Learning.（M. A. ヒット，R. D. アイルランド，R. E. ホスキソン著，久原正治・横山寛美監訳『戦略経営論―競争力とグローバリゼーション（改訂新版）』同友館，2014年）
- M. E. Porter［1980］*Competitive Strategy: Techniques for Analyzing Industries and Competitors*, Free Press.（M. E. ポーター著，土岐坤・中辻萬治・服部照夫訳『競争の戦略』ダイヤモンド社，1995年）

参考文献

●網倉久永・新宅純二郎［2011］『経営戦略入門』日本経済新聞出版社。

●加藤俊彦［2014］『競争戦略』日本経済新聞出版社。

●沼上幹［2008］『わかりやすいマーケティング戦略（新版）』有斐閣。

●M. E. Porter［1980］*Competitive Strategy: Techniques for Analyzing Industries and Competitors*, Free Press.（M. E. ポーター著，土岐坤・中辻萬治・服部照夫訳『競争の戦略』ダイヤモンド社，1995年）

第5章 位置：ポジショニング

シンプルな表現で違いを明確にする

Learning Points

- ▶競争構造の基本分析「一般戦略分析」を扱って，戦略を立案できるようになりましょう。
- ▶独自軸で各社の違いを表現する「戦略グループ・マッピング」にもチャレンジし，習得してみましょう。
- ▶シンプルな表現で他社との違いを明確にすることが，なぜ自社のポジショニングを考えるうえで大切となるのかを理解しましょう。

Key Words

業界内ポジショニング　ポーターの一般市場戦略分析　戦略グループ

1 業界内でのポジショニングを考える

1.1 業界内ポジショニングとは何か

本章では，企業の収益性に影響を与えている第2のレベル，**「業界内ポジショニング」の分析手法**を取り扱っていきます。「業界内のポジショニング」で分析するものは，マクドナルドとモスバーガー，スターバックスとドトール，トヨタとマツダといったような，同じ業界に属する企業同士の，業界内におけるお互いの位置取りの違いです。マクドナルドはコスト競争力を武器としており，一方でモスバーガーは品質や信頼性の高い高級感を売りにしてマクドナルドと棲み分けを図っています。スターバックスは充実したドリンクメニューを提供し，ドトールは食事メニューでそれに対抗しています。トヨタは高級車から大衆車までフルラインナップで商品を展開していますが，マツダは走りの性能，走る楽しみにこだわるスポーツカーに絞って，そこで安定した地位を築こうとしています。

こうした，業界内での参入各社の戦い方の違いのことを業界内ポジショニングといいます。業界の今の競争動向をつかむために，業界内ポジショニングを検討することは，戦略分析で必須の作業です。

1.2 複雑な世界をシンプルに表現する

さて，業界内ポジショニングを分析していくに先だって，ここでやるべき作業は「なるべくシンプルに状況を読み解く」ことだということを強調しておきたいと思います。森羅万象などという言葉があるように，個人や企業を取り巻く周辺状況は，無数の要素が複雑に絡み合って成立しています。企業経営を考えた場合，為替や世界経済の動向も経営業績に影響を与えれば，ライバルの新商品や技術発表なども影響してきます。それらのすべてを扱おうと思えば，たいへんに複雑な分析をしなければなりませんし，立案される戦略もその多種多様な事象に事細かに配慮したものになってくるでしょう。

戦略分析をする際に大切なのは，こうした複雑な現実世界を，シンプルな分類ですっきりと端的に表現してみることです（手塚［2008］）。業界内ポジショニングでは，とりわけこの「**シンプルな表現**」にすることが重要な意味を持ちます。その第1の理由は，競争のためのカギとなる最も重要なポイントをつかむためには，多様な要因を複雑に分析するよりは，競争の全体像や各社の違いが簡潔に表現できる，本質的な要素だけに集中したほうがよいためです。

具体例で説明してみましょう。「マクドナルドとモスバーガーの端的な違いの1つは，商品の価格である」というのは，非常にシンプルなものの見方でしょう。そうであるならば，モスバーガーがマクドナルドに対抗するための戦略を考えるときは，まずこの価格差からくる品質差や，対象顧客の違いから考えていくことになります。

一方で，「マクドナルドとモスバーガーの違いは，看板の色である」というのは，少々ひねったものの見方です。ひょっとしたら，看板の色が競争の結果に深遠な影響を与えている，のかもしれません。ですが，看板の色の違いを起点に，これからどうすべきかを考えていくのでは，有効な策を打ち出すのは難しいでしょう。看板の色をこう変えたら競争動向が劇的に変化する，とは考えにくいからです。ですから，何よりもまず，2社の違いを素直に，シンプルに表現し，そこを起点に考えていくことが求められるのです。

業界内ポジショニング分析がシンプルであるべき第2の理由は，皆さんのその分析を，社内の仲間たちに理解してもらわねばならないからです。「これから私たちは，こちらを目指していく」という戦略の表明は，リーダーが組織を率いるための重要な手段です。その表明した戦略で，仲間たちの共感を呼び起こし，協力をうながして，成功をつかむのです。ですから，会社のこれからの戦略方針に共感してもらうためにも，誰にでもわかりやすい，シンプルでいて本質を突いた形で現状分析をしてみせ，人々を納得させることが大切となるのです。

競合他社のことを知るためには，緻密な分析ももちろん一定程度必要になるでしょう。ですが，有効な戦略を立てるためには，それ以上に「状況の本質をとらえ，それを表現する」ことが求められます。そうした力を身につけることを念頭に，次節からの具体的な分析方法の話を読み進めてみてください。

2 ポーターの一般戦略分析

さて，産業内での競争構造をシンプルかつ的確に記述するための方法ですが，ここでもマイケル・ポーターによる分析枠組みが力を発揮します。彼は，参入各社が採り得る市場ポジショニングの標準的な分類枠組みとして，1）差別化（高付加価値化）か低コスト化か，2）幅広い顧客を狙うか限定的な顧客を狙うかの2軸を提案しています（**図表5－1**）。ポーターはこの枠組みを**一般戦略分析**と名付けています（ポーター［1995］）。

差別化か低コスト化かというポジショニングの分類軸は，非常にわかりや

図表5－1 ▶▶▶ポーター の一般戦略分析

	差別化（高付加価値化）	コスト競争力強化
広い市場ターゲット	差別化戦略 Differentiation	コスト・リーダーシップ戦略 Cost Leadership
狭い市場ターゲット	ニッチ戦略（差別化ニッチ） Differentiated Niche	ニッチ戦略（コストニッチ） Cost Niche

すいものだろうと思います。市場に出している商品が，高級品なのか低価格品なのかということですから，市場における企業のポジショニングの違いをまずこれで表現するというのはごく自然な発想です。マクドナルドはコスト競争力を武器としていて，モスバーガーは差別化を武器としている。最もシンプルに，業界の企業の位置取りを表現する方法こそが価格帯による分類です。

一方，顧客範囲の広さ・狭さとは，老若男女，その産業がターゲットとする顧客の広範な範囲に訴求できる汎用的な製品を提供するか，ごく一部の特有のニーズを持つ層（すき間という意味で「ニッチ」という言葉が使われます）にだけ強く訴えるか，という戦略の違いです。マクドナルドもモスバーガーも，老若男女，幅広い顧客を対象としています。これに対して，ファストフード業界で特定の顧客ニーズに絞り込んでいる会社はあるでしょうか。

サブウェイは「ファストフードだけども，ヘルシーなものを食べたい」という独特のニーズを狙って成功したチェーンです。手軽に安く，しかしヘルシーでもありたい，という特有のニーズにこたえて成長してきたのがサブウェイです。

都心部でまれにみられる超高級バーガー店も，固有のニーズを狙ったものです。そもそも手軽にハンバーグが食べられるようにパンに挟んだものがハンバーガーだったわけで，手軽ではなく，2～3千円も払ってじっくり賞味するハンバーガーというのは，非常に現代的な複雑化した消費者ニーズです。そうしたニーズにこたえるようにして，東京や大阪などの中心部には高級バーガー店というものが一定数登場するようになっています。

以上の関係をポーターの一般戦略分析で整理したものが**図表5－2**です。

図表5－2 ▶▶▶ハンバーガーチェーンの一般市場戦略分析

	差別化	低コスト化
広い市場ターゲット	モスバーガー	マクドナルド
狭い市場ターゲット	都心の高級バーガー店	サブウェイ

これは2018年時点の情報に基づくものですから，場合によっては状況は少し変化しているかもしれません。ともあれ，皆さんは，差別化か低コスト化か，市場ターゲットは広いか狭いかという，非常にシンプルな分析枠組みで，ハンバーガー業界の各社の違いが描かれることを理解されたのではと思います。

実際，この枠組みは業界内ポジショニングを分類するうえでは大変有用で，各社の戦略の違いを端的に表現する手段として，最初に適用を図ってみるべきものに位置づけられます。ポーターがこの枠組みに大胆にも「一般（generic）」戦略分析と名付けたのも納得です。皆さんもその力は実際に使ってみればすぐに理解できることでしょう。ぜひ，1つ産業を選んで，分類に取り組んでみてください。

Exercise　練習しよう

自由に業界を1つ選んで，ポーターの一般戦略分析を用いて各社の業界内ポジショニングを分析してください。余裕があればまた別の産業でも試してみて，その汎用性・有用性を確認してみてください。

3　戦略を考える

さて，本書で一貫して訴えているメッセージは，戦略を実際に立案まで行って，はじめて1つの理論・手法に習熟したといえる，ということでした。前の練習問題で，上手な分類図を描くことができましたでしょうか。続いては，それを積極活用して，戦略を立てる練習をしてみてほしいと思います。

難しく考えず，先ほど書いた絵を前にして，どういう戦略があるかを考えてみてください。

Exercise 練習しよう

ポーターの一般市場戦略を用いて，上記で分析した産業から１社を選び，その会社が採るべき戦略を立案してください。

意外と，「手法を使って，戦略を練る」ことが，難しいことがわかるのではないかと思います。**図表５－２**のような絵を得られたとして，そこからどう発想すればよいか，説明していきたいと思います。

最初にやるべきことは，将来的に，どこを目指すべきなのかを考えることです。第１章から述べているように，戦略分析で最初にやるべきことは「あるべき姿」を定めることです。この分析の場合は，どのポジショニングが望ましいのかを定めることになるでしょう。

その「あるべき姿」が，今のポジショニングと異なっているなら，求められる戦略は，どうやって移動するかです。どのような製品やマーケティング策を打ち出せば，新しいポジショニングへスムーズに移動できるかを考えるのです。同時に，新しいポジショニングで必要となる経営資源は何かを検討し，それをどう獲得していくかも考えることになるでしょう（この内容は次の第６章で取り扱います）。

「あるべき姿」が，今のポジショニングであるなら，他社が自分のポジショニングに入ってこれないように，障壁を作ることが大切になります。いっそうの差別化や，コスト競争力を蓄えることで，他社が容易には入ってこれないような仕組みを作っていくことが望まれます。

そして，避けるべき戦略は，複数のポジショニングを同時追求することです。「**どっちつかずを避けよ**」（stuck in the middle）は，市場戦略において，基本的に守るべき定石として知られています。社内の資源を２つの方向に分散させることは，２つを手がけられるような，よほどの圧倒的王者か，非常に卓越したマネジメント手腕の下でしか成功しません。マクドナルドに行って，かたや100円の商品が並び，一方で800円の商品が同じ店頭に並んでいたとして，それを違和感なく見せるのはかなりの経営手腕が要求されるでしょう。社内にも，まるっきり異なる２種類の能力が蓄積されるわけですし，どちらに意思統一するのか社内の混乱を避けるのにも苦労することでしょう。

4　独自軸を作る：戦略グループ・マッピング

前節までが，ポーターの一般戦略分析を用いた，産業内のポジショニング分析のひとまとまりです。この他にも多様な手法がありますが，もし皆さんが今後さらなる手法を学んだとしても，その基本は変わりません。「シンプルに各社の違いを浮き彫りにし」，「あるべき姿に照らして，これからの方向性を考える」というエッセンスは不変なのです。

復習も兼ねて，もう１つ新しい手法をここで学んでもらうことにしましょう。ふたたびポーターが開発した手法で，「**戦略グループ・マッピング**」と呼ばれるものです。

戦略グループ・マッピングは，自由な２軸を用いて，各社の違いを表現するものです。似た戦略をとる企業ごとに図の中でグループ化されることから，戦略グループと呼ばれます。一般戦略分析が，市場における基本的な分類軸「差別化かコストリーダーか」，「ターゲットは広いか狭いか」を用いるのに対し，それだけではうまく描き出せない各社の戦略上の違いを描けることが魅力です。図表５－３はハンバーガー業界を一般市場戦略とは異なる軸を用いて，戦略グループ・マッピングをしてみた例です。高いか安いか，ニッ

図表５－３▶▶▶ハンバーガーチェーンの戦略グループ・マッピング

	ゆったりした時間を過ごす店舗	スピーディに食事を済ます店舗
健康志向	モスバーガー	サブウェイ
食べ応え志向	都心の高級バーガー店	マクドナルド

図表5－4 ▶▶▶衣料品販売業の戦略グループ・マッピング

	新品	中古
実店舗	ユニクロ	リサイクルショップ
オンライン	ZOZOTOWN	メルカリ

チか一般向けかという2軸だけでは描けない各社の違いが表現されていることがわかるでしょう。

戦略グループ・マッピングは，「軸」を探す過程にこそ意義があります。企業名を付箋などに書いたり，何度もスケッチを更新しながら，試行錯誤する。そのなかで，業界構造がうまく描ける軸を見つけようとすることこそが，その産業の競争構造を理解するために最も重要な時間です。

的確な軸が描かれ，業績の秀でている会社と，そうでない会社とがうまく軸で分類されたら，その後の戦略を立てる作業は先ほどと全く一緒です。どのポジショニングが自社の目指す方向なのかを考え，その位置を確保するための戦略を練るのです。皆さんには，ぜひこちらにも挑戦し，産業内ポジショニングの技術を上手に使いこなせるようになってもらいたいと思います。

一例を紹介しましょう。**図表5－4**は，近年の衣料品販売業を整理してみた例です。業界の近年のトレンドである「リサイクル市場の登場」と「オンライン販売の登場」という2つのトレンドを分析軸に入れてみたものです。近年の，同業界を代表する企業の特徴の違いがうまく表現されていることがわかるのではないかと思います。

上述の近年のトレンドを踏まえるならば，メルカリのような「中古・オンライン販売」というポジショニングが，今ねらい目であることがわかります。さらに，多くの会社がそちらに気を取られているなかで，「新品でオンライン販売」というZOZOTOWNのポジショニングが，有力ライバルが少なく，非常に儲かりやすいポジショニングであることもわかると思います。

この図表に基づいて，ユニクロの戦略を考えてみましょう。下手に動くよりも，今のポジショニングをしっかり維持していくというのも妥当な戦略でしょう。他の領域に移動してもライバルは大変強力で，事業を行うのに必要な経営資源もだいぶ異なってきそうですから，移動はせず現状のポジショニングで競争力を高める，というのは1つの方策でしょう。

今後のトレンドを見据えてオンライン市場に参入する，という戦略もあるでしょう。近年のZOZOTOWNやメルカリの伸びを踏まえるならば，早くに参入しておくに越したことはありません。ユニクロの商品力を武器に，オンライン販売を強化してポジショニングを変えるのも，今後を見据えたよい策といえるかもしれません。

5 ポジショニングから経営資源へ

業界内ポジショニングの分析と戦略立案，うまく実施できるようになりましたでしょうか。以上で直接に競合している企業同士との関係を分析するものですから，イメージはしやすかったのではないかと思います。一般戦略分析のような基本的な分類枠組みを使ってみたり，戦略グループ・マッピングを用いて独自軸で分類してみたり，さまざまな観点からライバルとの競争関係を分析していけば，自社がこれから目指すべき，新しい方向性が見えてくるかもしれません。

ただし，業界内ポジショニングを変えるに際して，皆さんはそれを可能にする**経営資源**というものに目を向けなければなりません。マクドナルドが差別化製品を出そうとするなら，高級バーガーを提供するための製品開発能力や，マーケティング力，製造技術や接客サービスのノウハウなどの経営資源を蓄積しなければいけません。ユニクロがオンライン販売をする場合も同様で，これまでユニクロが保持していなかった，eコマースの技術やノウハウを獲得しなければポジショニングは移動できないのです。

この意味で，議論は次なる「経営資源」の分析へとつながっていきます。企業として，望ましいポジショニングを獲得し，堅守していくためには，どのような経営資源を社内に揃えていく必要があるか。続く第6章では，この経営資源の分析手法を学んでいくことにしましょう。

Exercise 練習しよう

自由に業界を１つ選んで，うまく各社の違いを捉えられる分類軸を見つけ出し，違いを表現してください。そのうえで，先ほどと同様に，ある企業を対象にして，あるべき姿を検討し，そこに移動する／その場を堅守するための策を考えてください。

▶▶▶さらに学びたい人のために

●M. E. Porter［1980］*Competitive Strategy: Techniques for Analyzing Industries and Competitors*, Free Press.（M. E. ポーター著，土岐坤・中辻萬治・服部照夫訳『競争の戦略』ダイヤモンド社，1995年）

参考文献

●M. E. Porter［1980］*Competitive Strategy: Techniques for Analyzing Industries and Competitors*, Free Press.（M. E. ポーター著，土岐坤・中辻萬治・服部照夫訳『競争の戦略』ダイヤモンド社，1995年）

●手塚貞治［2008］『戦略フレームワークの思考法』日本実業出版社。

第 6 章 資源：リソース

企業内の経営資源を分析する

Learning Points

- ▶ VRIO分析，7S，バリューチェーン分析などの各種手法が「何のため」の手法であり，「どう使えばよいか」を理解しましょう。
- ▶ 実際に各種手法を用いて，企業の強み・弱み分析を行い，そこから経営戦略を立ててみましょう。
- ▶ リソース・ベースド・ビューの言葉の持つ意味，すなわち，経営資源を育成することを経営の起点に置くべきであるということを理解しましょう。

Key Words

経営資源　VRIO　7S　バリューチェーン　リソース・ベースド・ビュー

1 企業の差異の究極的源泉「資源」

企業業績を決定づける第3の要因は，企業の内部にある**経営資源**です。ここまで，企業の利益を決定づける3レベルの利益決定の分析フレームワークに基づいて（第3章**図表3－2**参照），業界構造（第4章），業界内ポジショニング（第5章）の2つまでを検討してきました。これら2つは企業がどのような「外的な位置取り」を選択するのか，に関するものでした。これに加えて，本章では，企業内部の資源に注目し，3層の分析フレームワークの完成を目指します。

企業の外的な位置取りが完全に同じだったとしても，業績が同じになるわけではありません。次の簡単な例から，皆さんはすぐに経営資源の大切さを理解できることでしょう。

Let's think 考えてみよう

駅前に2店の味噌ラーメン屋があります。隣同士，全く同じ値段です。店舗の雰囲気や清潔さ，従業員のサービスも同レベルです。同じ材料を使っているようですが，秘伝のスープがあるらしく，1軒はおいしく，もう1軒はあまりおいしくありません。どちらの店に，あなたは行きますか。

もちろん，皆さんおいしいラーメン屋を選択するでしょう。この2店のラーメン屋の差を説明するものは，ただ1つ「秘伝のスープ」だけです。高業績をもたらす企業の経営資源とは，この「秘伝のスープ」にあたるものです。自分だけにしかない，他者との違いを生み出している資源があるかどうかが，外的なポジショニングのみならず，企業経営では重要な意味を持ってきます。

2 競争力を生み出す経営資源の判断基準

それでは，企業に競争力をもたらす資源と，そうでない資源とは，どのように判断すればよいでしょうか。その判断基準として，**VRIOフレームワーク**というものが知られています。これは，**Value**（**価値**），**Rareness**（**希少性**），**Imitability**（**模倣可能性**），**Organized**（**組織化**），という4つの判断基準から，企業内部資源を1つひとつ診断していくフレームワークです（バーニー［2003］）。

2.1 Value：価値がどのくらいあるか

第1の基準はValue：価値です。今の皆さんの職場・勉強場所を見渡してみましょう。このテキストがあったり，さまざまな文房具があったり，机があったり，PCがあったり，スマートフォンがあったりするでしょう。それぞれが，皆さんにとってどのくらいの価値があるものでしょうか。ものによっては，非常に価値があるでしょうし，比較的，価値が少ないものもあるはずです。

企業にとっても同じです。事業を運営するうえで，とても価値のあるものもあれば，そうでないものもある。会社の内部資源を測るうえでの第1基準は，当たり前のように聞こえるかもしれませんが，まずは素直に各資源がどのくらいの価値を持っているのかを検討してみることです。

この問いが重要なのは，現在や将来を見つめたとき，内部資源に本当に価値があるかどうかを再確認する作業が大切だからです。マクドナルドの「低コストで素早く商品を提供できる能力」は，これまで同社の躍進を支えてきたものでした。しかし，競合他社のコスト競争力の高まりや消費者の健康意識や嗜好の変化のなかで，同社のこの能力は果たして今後どのくらい価値を持ちうるものなのでしょうか。他社にはない力であることには変わりありませんが，それが今後も価値を生み出し続けてくれるものなのか，それとも時代の流れに取り残された過去の遺物としてネガティブに評価すべきなのかは，簡単には判断はつきません。とはいえ，大切なことは結論を出すことではありません。こうした議論・分析を行うなかで，各種の資源について良い面も悪い面も多面的に捉えられるようになることが，自社の持つ能力の理解促進につながるのです。

2.2 Rareness：希少かどうか

次の問いはRareness：希少性です。大いに価値があったとしても，誰もがそれを容易に入手可能であれば，それは自社だけの強みにはなりません。たとえば，スマートフォンは皆さんにとって典型的な「価値はあるけれども希少ではない資源」でしょう。それは便利だけれども，誰もが持っている今，スマートフォンを持っていることがあなただけの特別な能力にはならないはずです。

ただし，希少ではない資源が競争力をもたらさないからといって，それを捨て去る必要はありません。価値はあれども希少でない資源は「必要だけども，特別ではない資源」です。スマートフォンは，皆さんに特別な優位性を与えてはくれないが，皆さんの生活になくてはならないものになっているでしょう。企業の内部のたいていの経営資源は「価値はあるけれども希少ではない」範疇に入ります。事業運営に必要なので持っている必要がありますが，今のままではそれを使って他社に差をつけることはできない資源です。

2.3 Imitability：模倣可能かどうか

第3の基準はImitability：模倣が可能かどうかです。価値があり，かつ現時点では希少な資源であっても，競合他社が少し努力をすればすぐに同じような資源を構築することができるのであれば，将来的には追いつかれてしまいます。簡単には真似できないものであるかどうかが，ここで問われているのです。

なお，「模倣可能である」とは，全く同じものが再現できるかどうかという意味ではないことを強調しておきます。同じ効果を発揮するものであれば，別の手段でも相手に追いつくことは可能なのです。

たとえば，「その道一筋30年の職人のものづくり」を素直にそのまま再現するには「その道一筋30年」が必要ですが，もしそれが3Dプリンターで簡単に再現できるのであれば，模倣困難であるとはいいません。日進月歩で技術が進化する現在，こうしたことはさまざまな領域で起こっていますから，模倣が可能かどうかも，冷静な目で見つめ直す必要があります。

2.4 Organized：組織にうまく組み込めているかどうか

最後の基準はOrganized：その経営資源が，自社の構造内に，組織としてうまく組み込まれているかどうかです。いかに優れた資源であっても，それが機能するように組織に組み込まれていなければ全く真価を発揮しません。秘伝のスープがいかに美味しくとも，麺を適切に茹でられなければラーメンとしては失敗作になってしまいます。世界最優秀選手に何度も選出されたサッカーのメッシ選手でも，1人で試合に勝てるわけではなく，その才能を活かせるチームの中でのみ活躍できます。

会社も同じで，どれだけ優れたものづくりをしていても，その素晴らしさを適切に伝えるマーケティングや，安定してよい品質の材料・部品を揃えてくれる調達部門などに支えられてはじめて，業績に貢献します。資源は，持っているだけで成功を約束してくれるわけではなく，「活かせる環境を整え，正しく使われてこそ」なのです。

2.5 VRIO分析の運用

図表6－1は，VRIOの4項目の審査基準から，ある会社の内部資源の状態を評価してみたものです。この会社の場合，他社に真似できないものづくりが競争優位の源泉であり，他方で管理のシステムに弱点を抱えていることがわかるでしょう。ただし，繰り返しになりますが，「強い・弱い」と評価を下すことはあくまでVRIO分析の狙いの1つにすぎません。多面的にみて，強みだと思っていたものにも隠れたリスクはないか，あるいは弱みだと自認しているところは何が問題なのかと，作成していく過程で自社のことをよく

図表6－1 ▶▶▶ ある企業の内部資源VRIO分析の例

資源	Value：価値	Rareness：希少性	Imitability：模倣可能性	Organized：組織化
ものづくり	他社には作れないものが生み出せる(○)	現時点では優位性あり(○)	簡単には真似できない(○)	自社の中核に組み込んでフル活用(○)
マーケティング・販売	製品の魅力を伝える技はある(○)	より上手なライバルが多数(×)	既に後塵を拝している(×)	より活用できる形がありそう(×)
技術	重要技術は外部に依存(△)	他社は技術はあまりない(○)	他社も外部から導入する可能性(×)	事業に組み込まれている(○)
管理システム	事業に必須だが，優れてはいない(×)	他社もあまり優れたシステムはない(○)	特別，リードできていない(×)	事業に活用できていない(×)

よく見つめ直し，理解を深めることが大切です。ここで一度，VRIO 分析を用いて，ごく簡単で構いませんから企業分析を練習してみるとよいでしょう。

Exercise 練習しよう

自由に企業を１つ選び，VRIO 分析を行ってください。その会社の強みはどこにあり，弱みはどこにあるでしょうか。また，強みと思われるものにも，隠れたリスクは存在しないか，弱みはどう補えばよいか，各種資源についてなるべく多面的に評価できる点・問題点を見つけてみてください。

3 資源のリストアップ方法

先ほどの VRIO の課題を実践してみて，「資源をどうやってリストアップすればよいのか？　漏れのないリストの作成方法が必要だ」と，疑問に思った方もいるのではないでしょうか。このように思われた方はご明察で，その疑問はまったくそのとおりです。

VRIO 分析はある資源を「評価する方法」としては多面的な視点を与えてくれるよい手法ですが，社内にどのような資源があるのか，リストアップできる手法ではありません。ですから，何らかの「資源をリストアップする方法」を身につけ，それと VRIO を組み合わせたときに，より良い効果を発揮するのです。

ここでは，代表的なものとして**マッキンゼーの 7S** と**バリューチェーン分析**の２種類を紹介し，皆さんに身につけてもらいたいと思います。

3.1 マッキンゼーの 7S

マッキンゼーの 7S は，企業を形作る要素を７つに分解し，それぞれの特徴，強み弱みを分析していく枠組みです（**図表６－２**）。名前のとおり，世界大手のコンサルティング会社，マッキンゼーが開発した手法で，現在でも

図表６－２ ▶▶▶ マッキンゼーの7S

企業の構成要素	人間に例えれば	具体的内容
Strategy：戦略	頭脳	戦略立案能力は高いか。
Structure：構造	骨格	適切な組織構造が作られているか。
System：仕組み	筋肉	人事・会計などの制度が適切に作られているか。
Shared Value：価値観	精神	望ましい価値観が共有されているか。
Skill：技能	器用さ	固有の技術やノウハウなどが蓄積されているか。
Staff：人材	血流	個々の人材は粒が揃い，よく開発されているか。
Style：仕事の流儀	振る舞い	仕事の仕方，意思決定の仕方は望ましいものか。

活用されています。

詳細は**図表６－２**に記しますが，この枠組みは，人間でたとえるなら「体は丈夫か」「頭は賢いか」「手先は器用か」「よい精神を持っているか」といったように，１つひとつの部位ごとに会社を分析するものです。

7Sが生み出されて以来，数十年が経過したにもかかわらず，いまだによく使われている理由は，組織の中のハードの部分（戦略，構造，仕組み）と，ソフトの部分（価値観，技能，人材，仕事の流儀）とにバランスよく目配りされていることにあります。価値観や仕事の流儀といった，目には見えないけれども実は会社の活動に重大な影響を与えている要因にまで光をあてているところが，評価されているのです（大前［2014］）。

3.2 バリューチェーン分析

もう１つの方法は，マイケル・ポーターの**バリューチェーン分析**です（ポーター［1985］）。こちらは，原材料から顧客の手元に至るまでの一連の事業活動（これをバリューチェーンと呼びます）を，生産や販売，開発といった事業活動の種類ごとに切り分け，それぞれの活動の特徴，強み弱みを分析していく手法です（**図表６－３**）。

7Sとバリューチェーン分析は，それぞれに足りない部分を補える手法です。ふたたび人体のたとえを使いましょう。心身ともに健康で，器用であり，

図表6－3▶▶▶ポーターのバリューチェーン分析

（支援活動）

財務＆全般管理

人事

技術開発

（主活動）

調達	生産	物流	販売・マーケティング	サービス

また頭も切れたとしても，必ずしもよいサッカー選手になれるわけではありません。サッカーを上手にこなすには，全身運動として，すべての要素がうまく連動して動かなければなりません。ボールを蹴る，ドリブルをする，守備をするといった１つひとつの動作について，十分な練習を積まなければならないでしょう。このボールを蹴る，ドリブルする，守備をするといった動作が，企業にとっては生産，販売，開発にあたります。

ボールを蹴る技術が高いかどうかは，筋力や骨格をばらばらにして分析するよりも，素直にそのボールを蹴るという動作そのものをテストして，上手にできるかどうかを調べるべきです。企業においても，自社の生産やマーケティングが高い競争力を持っているかを分析したければ，7Sとしてばらばらに要素を分解するよりも，その活動を全体としてとらえて，ちゃんと機能しているかどうかを見るべきだということになります。

このように，バリューチェーン分析は「活動」という単位で見ることで，7Sのような「要素」を見ていくことでは見えないものを捉えることができる点に強みがあります。

なお，バリューチェーン分析は必ずしも**図表6－3**のフレームワークを使わなければいけないわけではありません。会社によっては，ここに書かれているものとは全く異なるバリューチェーンを持っている会社もあるでしょう。ですから，特殊なバリューチェーンを持つ会社を分析するにあたっては，まず自社のバリューチェーンを一度描き出してから，各活動を評価してみるとよいでしょう。

3.3 VRIOと複合的に用いる

7Sやバリューチェーン分析をリストアップ方法として利用し，VRIOと組み合わせれば，皆さんはたいへん詳細な内部資源分析を行うことができます（**図表6－4**）。とはいえ，ここまで緻密にやることは非常に負荷がかかりますので，時間の制約があるなかでは，**図表6－4**を土台にしつつ，自社にとって重要な事柄に絞り込んで分析するのでもよいでしょう。

ただし，内部資源分析にあたっては時間をかけた徹底的な探求こそが求められていることは，強調しておきたいと思います。皆さんが初対面の人に

図表6－4 ▶▶▶ 社内資源の分析：7S，バリューチェーンとVRIOの組み合わせ運用

		Value	Rareness	Imitability	Organized
会社の要素：7S	戦略構想力				
	組織構造				
	社内の仕組み				
	価値観				
	技能				
	人材				
	仕事の流儀				
会社の活動：バリューチェーン	調達				
	生産				
	物流				
	販売・マーケ				
	サービス				
	財務・管理				
	人事				
	開発				

会ったとき，どれくらいの時間でその人の人となりを知ることができるでしょうか。「私はとても明るく前向きな性格です」という相手の自己紹介の一言ではまったく相手のことはわかりません。5分ではどうでしょうか。もう少しよくわかると思います。1時間会話をしたならばもっとわかります。3カ月同僚やクラスメートとして過ごしたならば，なおよくわかることでしょう。過ごした時間が長ければ長いほど，あなたはよりよく相手のことを理解できるようになるはずです。

もうおわかりだと思いますが，企業の分析も全く同じです。「当社はものづくりに秀でた会社です」の一文ではその企業のことはわかりません。じっくり時間をかけて見つめ直してみることにこそ，意味があるのです。

時間があるならば，このフル・バージョンでの内部資源分析を行って，自社のことをすみずみまで調べてみてください。

ただし，世の中の企業が千差万別なのですから，どんな企業にも適用できる資源のリストアップ手法，というものは存在しません。7Sやバリューチェーン分析ではあてはまりが悪いこともあります。その際にはまた別の手法を用いたり，独自のやり方で内部分析をすることになります。大切なことは，どのような手法を使うかではなく，企業の中をすみずみまで緻密に見て，自分たちのことを見つめ直してみることです。

4 内部資源分析に基づく戦略発想

さて，前章までの議論同様，経営戦略の各種ツールは「分析すること」が最終目的であってはなりません。大切なことは，そこから戦略をどう発想するかです。実は，内部資源分析を起点とした戦略の考え方は，さほど難しくありません。端的に言えば，強みを活かし，弱みを補うということに尽きます。

1 あなたにキホン・プラス！

その学問分野をはじめて学ぶ人のために,もっとも基本的な知識や考え方を中心にまとめられています。大学生や社会人になってはじめて触れた学問分野をもっと深く,学んでみたい,あるいは学びなおしたい,と感じた方にも読んでもらえるような内容になるよう,各巻ごとに執筆陣が知恵を絞り,そのテーマにあわせた内容構成にしています。

2 各巻がそれぞれ工夫している執筆方針を紹介します

2.1 その学問分野の全体像がわかる

まず第１章でその分野の全体像がわかるよう，○○とはどんな分野かというテーマのもと概要を説明しています。

2.2 現実問題にどう結びつくのか

単に理論やフレームワークを紹介するだけでなく，現実の問題にどう結びつくのか，問題解決にどう応用できるのかなども解説しています。

2.3 多様な見方を紹介

トピックスによっては複数の見方や立場が並存していることもあります。特定の視点や主張に偏ることなく，多様なとらえ方，見方を紹介しています。

2.4 ロジックで学ぶ

学説や学者名より意味・解釈を中心にロジックを重視して，「自分で考えることの真の意味」がわかるようにしています。

2.5 「やさしい本格派テキスト」

専門的な内容でも必要ならば逃げずに平易な言葉で説明し，ただの「やさしい入門テキスト」ではなく，「やさしい本格派テキスト」を目指しました。

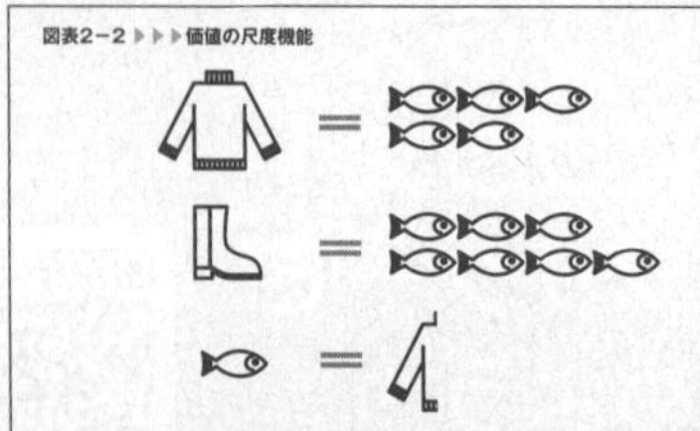

〈直感的な図表〉

図表を用いたほうが直感的にわかる場合は積極的に図表を用いています。

3 最初にポイントをつかむ

各章冒頭の「Learning Points」「Key Words」はその章で学ぶ内容や身につけたい目標です。あらかじめ把握することで効率的に学ぶことができ，予習や復習にも役立つでしょう。

Learning Points

▶金融政策の大きな目的は，物価や GDP などで示されるマクロ経済を安定化させることです。

しかし他方では，過去の金融政策が現在のマクロ経済状況をつくり出しているという側面もあります。

そのため金融政策とマクロ経済を切り離して考えることはできず，両方を同時に見ていくことが重要です。現在の金融政策を理解するためには，過去の金融政策や，その当時のマクロ経済状況も知っておかなければなりません。

▶本章では，1970 年代以降の日本のマクロ経済を見ていくことで，現在の日本経済の立ち位置を確認しましょう。

Key Words

マクロ経済　ミクロ経済　インフレ　バブル

4 自分で調べ,考え,伝える

テキストを読むことのほか，他の文献やネットで調べること，インタビューすることなど，知識を得る方法はたくさんあります。また，議論を通じ他の人の考えから学べることも多くあるでしょう。

そんな能動的な学習のため，各章末に「Working」「Discussion」「Training」「さらに学びたい人のために（文献紹介）」等を用意しました。

Working　調べてみよう

1．自分が所属するサークル・クラブあるいはアルバイト先の企業・組織の組織文化について調べてみよう。

2．日産，日本航空，パナソニック（旧松下電器産業）などの企業から1社を選び，どのような組織変革を実施したか調べてみよう。

Discussion　議論しよう

1．世の中には，お金を借りたい人と貸したい人が常に両方いるのはなぜでしょうか。お金を借りたい人・企業の数は常に変化するはずなのに，なぜお金を借りるときの金利はあまり変化しないのでしょうか。

2．中央銀行が金利操作を行うと，理論的には物価はどのような水準にもなり得ます。しかし，現実にはそれほど物価が大きく変化しないのはなぜでしょうか。

Column　生まれながらのリーダーって？

本文でも説明したように，リーダーシップは生まれながらの資質・能力なのか生育環境や教育によって育まれる能力なのかに関して，理論的な決着はついていません。1つだけ確かなのは，先天的要因だけあるいは後天的要因だけでリーダーシップを説明することはできないということです。それゆえに，「自分はリーダーシップがない人間だ」などと思う必要はないのです。

企業や組織で権限と責任のある地位に就いた時には，まず地位勢力（ヘッドシップ）とリーダーシップの関係を意識する必要があるでしょう。両者は厳密に区別されるわけではありませんが，「地位や権限を越えて，自分は部下（フォロアー）に影響を及ぼしているのだろうか」ということを自問自答することは有益です。こうした自覚はサークルやクラブで役職に就く場合でも有益です。

また「第5水準のリーダーシップ」で描かれるリーダーは，派手にマスコミなどに取り上げられるタイプではなく，地道な努力を積み重ねるタイプだということも説明しました。これは個人の特性といえますが，自覚と努力次第である程度は身につけられるものです。このように，責任感を持って努力すれば，リーダーシップを発揮することは可能です。

5 …and more !!

実際の企業事例や，知っておくと知識の幅が広がるような話題をコラムにするなど，書籍ごとにその分野にあわせた学びの工夫を盛り込んでいます。ぜひ手にとってご覧ください。

＊教員向けサポートも充実！ https://www.chuokeizai.co.jp/basic-plus/

・テキストで使用されている図表や資料などのスライド
・収録できなかった参考資料やデータ、HPの紹介などの情報
・WorkingやDiscussion，Trainingなどの解答や考え方（ヒント）　など

講義に役立つ資料や情報をシリーズ専用サイトで順次提供していく予定です。

4.1 強みを活かす

あなたがもし，内部分析の中から自社の強みを見出すことができたならば，その強みは積極的に活用すべきです。価値がありつつも他社が簡単には複製することのできない強みなのですから，その資源は一定期間にわたって他社との明確な違いを生み出してくれます。この意味でも，隠れた自社のすぐれた資源を見つけるべく，自社内部の徹底的なチェックが大切です。

かつてカルロス・ゴーンは，日産の経営改革に乗り出したとき，非常に長い時間をかけて，世界中の日産の拠点をまわり，それぞれの現場の状況を視察，よく意見を聞き，日産の実情をよくよく理解することから始めました。そして，当時危機的だといわれていた日産の各部門の中には無数の光るものがあり，日産の課題はそれらをつなぎ合わせることができていなかったことだと見抜いたのです。

彼はそこから，各部門の選りすぐりの人材による部門横断での課題解決組織「クロスファンクショナル・チーム」を立ち上げます。クロスファンクショナル・チームは見事にゴーン社長の期待に応え，各部門の潜在能力をつなぎ合わせた日産のリバイバル・プランを主体的に策定・実行し，改革の中核を担うことになりました（日産自動車 V-up 推進・改善支援チーム・井上[2013]）。このように，危機だといわれている状況であっても，会社の中には強みは眠っており，それを見つけることから打開策は生まれてくるのです。

4.2 弱みを補う

会社の徹底的な分析の中からは，あなたはおそらく強みの何倍もの数の自社の弱みや将来的なリスクを発見したことでしょう。これらの課題点に対して，深刻だと思われるものから優先的に対応策を立てていく必要があります。すなわち，その弱みである部分に頼らずに済むような事業戦略にするとか，弱みである部分に積極的に是正するといった方策です。時には，その弱点である部分を切り捨てるという判断も必要になるでしょう。いずれにせよ，課題が見えているのに放置しておくことが一番避けるべきことであり，伸ばすなり捨てるなり，何らかのケアを考えなければなりません。

本当に難しいのは，強みとも弱みとも，判断がつかないときかもしれません。ある側面では競争力が高いが別の面では弱点にもなっているとか，今は価値があるけれども将来的には不明瞭であるとか，そうした場合については明確な判断を下すことは難しいでしょう。そして，残念ながら学術的にも明確な答えは出ておらず，ときには捨て去ったほうがよいとの結果が出るときもあれば，ときには持っていたほうが有効であるとも分析結果が出ています。

いずれにしても，そうした資源の取り扱いによって将来の事業展開に影響が及んでいるということはわかってくるわけです。ですから，明確に強みとも弱みともつかないようなものに対しても，よく注意を向け，管理をしていくべきだということがいえるでしょう。

5 リソース・ベースド・ビュー

2014年度，トヨタ自動車は日本企業として史上初の純利益2兆円の大台を達成しました。トヨタは，高効率な業務オペレーション能力を武器に，競合他社を圧倒しています。彼らは1990年代の不況期からこれまで20年以上，毎年およそ1,000億円に達するようなコストダウンを全社を挙げて行っています。単純に計算すれば，毎年1,000億円のコストダウンの成果を20年積み上げれば，2兆円に達するわけです。大変乱暴な計算であることを認めますが，日々の努力が着実な成果につながっている，内部資源に立脚した経営の1つの目標像であるといえるでしょう（藤本［2013］）。

一方，世界最大手として20世紀にわたり君臨してきたゼネラルモーターズ（GM）は，2009年，経営破綻に陥りました。その後，再建活動が続いていますが，同じ2014年度の決算は約3,000億円の黒字でした。トヨタと同規模でありながら，経営業績の差は歴然です。

GMとて経営努力を惜しんでいるわけではありませんが，破綻した当時は，リムジン，SUV，ピックアップ・トラックといった目先の利益を生みやすい車に注力し，長期的な能力構築の視点が幾分欠けていたことが問題であったとされています。利益を生みやすい車に集中することは，魅力的な市場ポジショニングを選択したということですから，経営戦略としては間違いではありません。しかしながら，トヨタなどライバルとの競合を避け，ライバルが主力事業としないリムジンやSUVに位置取ったことが，長期的な能力構築へのインセンティブを低下させていたのです。

このストーリーは，企業経営における経営資源の長期的重要性をわれわれによく教えてくれます。一度や二度は策略で勝てたとしても，それでは継続的な勝利は約束されません。その一方で，経営の基盤となる自分たちの能力が高ければ，より安定して，高い確率で勝利を収めることができるようになります。強いチームと弱いチームが試合をしたならば，強いチームが勝つ可能性のほうが高い。きわめて当たり前のことです。

企業経営は経営資源に根ざして行うべし，経営資源の充実なくして持続的な競争優位は得られない。この精神が，経営資源分析に基づいて経営戦略を立てていくうえでの基盤になります。経営資源分析は一般的に**リソース・ベースド・ビュー**（Resource-Based View）＝資源を基点とする「視座」と呼ばれるのですが，この言葉の背後にあるのが，上記の精神です。企業をきちんとその資源からみていこう，という意味で「ビュー：視座」という表現が使われているのです。企業内部分析のことをリソース・ベースド・ビューと呼ぶということを知っている人でも，その背後にある精神は知らない人は少なくないようです。皆さんはぜひ，企業の未来はその基盤をなす能力構築の先にあるということを，深く胸に刻んでおいてください。

Exercise 練習しよう

自由に企業を1つ選び，会社の内部資源を分析する手法を用いてその強み・弱みを検討し，長期的な成功を勝ち得るために今後どのような資源を伸ばしていくべきかを考えてみてください。

▶▶▶さらに学びたい人のために

●藤本隆宏［2013］『現場主義の競争戦略―次代への日本産業論』新潮社。

参考文献

●J. B. Barney［1997］*Gaining and Sustaining Competitive Advantage*, Addison-Wesley.（J. B. バーニー著，岡田正大訳『企業戦略論―競争優位の構築と持続（上）基本編』ダイヤモンド社，2003年）

●藤本隆宏［2013］『現場主義の競争戦略―次代への日本産業論』新潮社。

●日産自動車㈱V-up推進・改善支援チーム著，井上達彦監修［2013］『日産V-upの挑戦―カルロス・ゴーンが生んだ課題解決プログラム』中央経済社。

●大前研一［2014］『マッキンゼー―成熟期の成長戦略（2014年新装版）』good. book。

●M. E. Porter［1985］*Competitive Advantage:Creating and Sustaining Superior Performance*, Free Press.（M. E. ポーター著，土岐坤・中辻萬治・小野寺武夫訳『競争優位の戦略―いかに高業績を持続させるか』ダイヤモンド社，1985年）

第7章 相手：ゲーム

競争の展開を予測する

Learning Points

- ▶「相手の立場から考える」の思考パターンの意義を理解しましょう。
- ▶ライバルの戦略を予測するために，相手の立場で戦略を考えられるようになりましょう。
- ▶Win-Winの構築が最善の戦略であることを理解し，それを実現する方法を考えられるようになりましょう。

Key Words

ゲーム理論　Win-Win　反撃できない策

1 ゲーム理論ベースの戦略論

日常生活の中で，皆さんが当たり前のように実施している思考法があります。友達と，家族と，上司や同僚と，恋人と会話するとき，皆さんは自然と相手の反応をうかがって言葉を選んでいるはずです。これを言ったら笑ってくれるかな，怒るかな，共感してくれるかな，と。あるいは，将棋やカードゲームでも，テレビゲームでも，サッカーやテニスでも，自分が打った策に対して，あなたは自然と相手がどう対応してくるかを考えているはずです。自分の行動が，次にどのような結果をもたらすかを考えること。ビジネスの世界ではこれを「シナリオ思考」などと呼び，学界では**ゲーム理論ベースの戦略論**と呼んだりしますが，別に難しいことではありません。社会的動物と呼ばれる人間には，他人の反応を考慮する力は本来的に備わっているからです。

ところが，経営だとか戦略という言葉を使い出すと，とたんにこの「相手の反応を考慮する力」が発揮されなくなります。自社の戦略を考えなさい，という課題に対して，多くの方はつい「自社の強みは…，自社が置かれた競争環境は…，だから自社としては…」と，自社起点で考えることに終始してしまいます。これは，単に慣れの問題です。あなたが慣れ親しんだ人間関係やゲームであれば，自然に起こる「自分がこう動いたら，相手はこう動くはずだ」という考え方が，なじみのない経営戦略というものに対しては，発揮されにくいというだけのことなのです。

優れたテニスプレーヤーや将棋の棋士が，ゲームの展開を読むように。優れた経営戦略家になるために，ビジネスの「次の展開」を予測する力を皆さんも身につける必要があります。本章では，そうした競争の展開を予測するための理論や方法を議論していきます。しかし，最初に強調しておきたいことは，展開を読むために大切なことは，理論や手法ではなく「相手の立場から考える」という思考スタイルの習慣づけです。程度の差はあれ，皆さんは人間として日常生活の中では，自然とこの思考が実践できています。それが，経営戦略立案の際にも発揮されるようになることが，ここでの究極的な目標です。

さて，本書で扱うゲーム理論は，本当に基本となる部分だけとし，詳細はマクミラン［1995］などの専門書に譲ります。「基本だけで大丈夫なのか？」と疑問を持たれるかもしれませんが，心配ご無用です。日常生活や経営の世界でゲーム理論を活用するうえでは，とにかく基本の思考法を定着させることが最も大切なのです。もちろん，ゲーム理論を学べば学ぶほどに皆さんの理論の理解度・戦略立案力は高まっていくでしょうが，ここでは何よりもまず「相手の立場から考える」ということが，どのような意味を持つのか，どうやってそれを実践すればよいのかということに，力を割いて議論していくことにしましょう。

2　相手の立場から考える

まずは「相手の立場から考える」ことの経営上の意義について議論しましょう。以下の課題に取り組んでみてください。

Let's think　考えてみよう

自社はある製品Aを販売している。ライバルは競合製品Bを販売しており，自社・ライバルともにシェア50%，月の売上高もお互い1億円である。自社・ライバルともに製品価格は100万円，品質やブランドで差別化は難しい。自社は値下げをすべきだろうか？

(1)　相手のことを考えないとしたら，どういう戦略となり，どういう結末になるでしょうか。

(2)　相手のことを考えたとしたら，戦略と結果はどのように変わってくるでしょうか。

相手のことを考慮しない戦略の場合はどうなるでしょうか。相手の反撃を一切無視するなら，値下げをしてライバルからシェアを稼ぐ，という策になるでしょう。しかし，皆さんはこの戦略が狙ったとおりの結果をもたらさないことがわかっているはずです。自社が値下げをしたなら，相手はよほど迂闊でなければ，追随して値下げをしたり，商品におまけをつけたり，商品の差別化をしたりして，反撃を行ってくるはずです。結果として，お互いに消耗戦を繰り広げていくことになり，2者とも儲からない結末になります。

一方，相手が反撃をしてくるはずだ，という予測が立つなら，下手に相手を刺激するよりも，今のままで安定状態を維持したほうが，お互いにとってメリットのある状態になります。相手がどう行動するのかを考慮すれば，自ら仕掛けて不毛な損失を出さずに済むようになるわけです。

しかし，この問題はこれで終わりではありません。ここまでの話は，「こちらから仕掛ける」場合だけを考えましたが，「相手が値下げを仕掛けてくる」可能性もあるのです。もし，相手が値下げを仕掛けてきたなら，自社が何も対応をとっていなければ，市場を奪われてしまいます。ですから，「相手の反応」を考慮するばかりでなく「相手の攻撃」まで考慮に入れるなら，自社は自ら仕掛けないにしても，いつでも反撃が行えるように準備を怠らないようにしておく必要があるでしょう。（この問題はゲーム理論の中で「囚人のジレンマ」と呼ばれるものです。詳細はマクミラン［1995］などを参照してください。）

皆さんには，私がここで何を伝えたいのか，ご理解いただけたのではないかと思います。自社起点だけで考えても，狙ったような結果は得られません。相手がどう反応するかを考慮すれば，戦略がもたらす結果はより的確に予想できるようになります。さらには，相手側からどう仕掛けてくるかまで考慮できれば，守りの固い，より堅牢な戦略が立案されるようになるのです。

3 相手の出方を知るにはどうしたらよいか

それでは，相手の出方を予測するためには，どのようにすればよいのでしょうか。実は，ここまで本書を読み進めてきた皆さんは，すでにライバルの行動を読み解くすべを身につけています。すなわち，前章までで学んできたことを，ここでライバルに対して実行すればよいわけです。一般市場分析

図表7－1▶▶▶各種戦略立案手法を使えばライバルの行動が予測できる

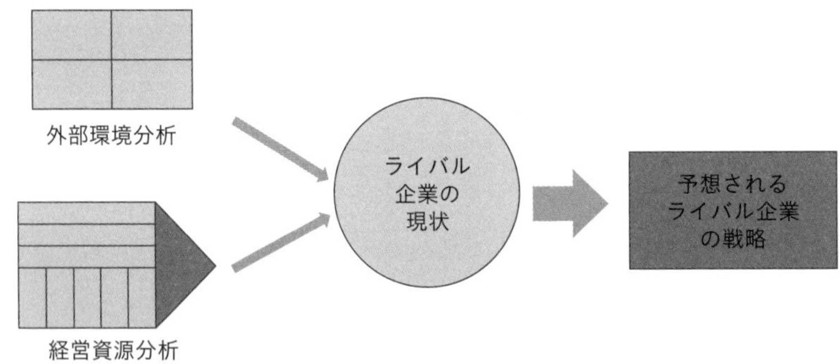

などの外部環境分析を行えば，ライバルが直面している事業環境の機会・脅威を明らかにできますし，7S などの経営資源分析を行えば，ライバルがこれから先にどのような資源を伸ばしていくべきかがみえてきます。これらの手法を用いて「自社のこれからの戦略」が立案できたように，ライバルに同様の手法を用いれば「ライバルのこれからの戦略」の予測が行えるのです（**図表７－１**）。

ここまでに学んだ理論・手法のよい復習にもなりますから，ぜひここで自社のライバル企業と想定される１社を採り上げて，その企業がどのようなビジョン・ミッションを掲げ，どのような内部・外部状況下にあるのかを分析したうえで，その会社の次の戦略を予測してみるとよいでしょう。

Exercise　練習しよう

ここまでに学んだ手法を用いながら，自社のライバル会社を設定し，その会社の次の戦略を予想してください。

4　競合企業とどのような関わり合いをすべきか

相手が次にどのような行動をしてくるか，それが多少なりとも想定できてきたところで，こちらはどのような手を打つべきなのでしょうか。この点に対しても，ゲーム理論の成果はわれわれに重要な指針を与えてくれています。それは，相手の手を知ったうえで，最も望ましいことは，血みどろの争いにならないように，戦いを回避し，終結させることだということです。

もし，テニスや将棋などのスポーツ・ゲーム，あるいは軍事戦争であれば，相手の手が読めたならば，その先回りをして守りを固めたり，裏をかいたり，先制攻撃を仕掛けたりといったような相手をやり込める策が望ましいものとなります。単発のゲームや，勝敗に生死がかかっているような状況では，次の戦いを考える必要がありません。その１回を勝ち抜くことがすべてですから，相手を徹底的にやり込めて勝利を収めることが大切になります。

しかし，企業間競争の場合は，仮にひとたびの勝利を収めたとしても，次にはまた第2ラウンドが待っています。長期にわたって，勝ち負けが繰り返されていくような競争では，一度の戦いに勝利を収めることはあまり大きな意味を持ちません。それよりも，その永遠に続くかのような競争状況を終結させることのほうが，経営業績にはより大きなプラスをもたらすのです。これがゲーム理論ベースの戦略論の重要な成果です。お互いに不毛な争いを割け，協調し合う**Win-Winの関係**こそが，永続する競争においてベストな経営業績をもたらしてくれることが，わかっているのです（ネイルバフ・ブランデンバーガー［1997］）。

一例として，中国のバイク産業でホンダが採った手を紹介します。ホンダは世界のほとんどのバイク市場でトップシェアを誇りますが，中国では地場のバイクメーカーが格安バイクを大量に生産するため，ホンダの業績は振るいませんでした。しかし，中国の地場メーカーのほうも，国内の価格競争により低収益に苦しみ，技術開発などに十分な資金を割けずに困難に陥っていました。そんななかでホンダが採用した戦略は，中国国内最大手のバイクメーカー，すなわちホンダにとっての最大のライバルであった新大洲と合弁会社を設立することでした。終わりの見えない価格競争に突入していくのではなく，ホンダはその技術やブランド力，新大洲はそのコスト競争力と中国での販路を提供することで，2者の力を補完し合い，中国市場での争いから一歩抜け出ることに成功したのです（出水［2007］）。

もう少し，このホンダと新大洲の事例を観察していき，この戦略がなぜ有効であったのかを検討していくことにしましょう。当時の中国バイク産業において，ホンダは技術力やブランドに秀でている一方で，販売チャネルやコスト競争力に劣っていました。一方の新大洲はその逆で，中国全土をカバーする販売チャネルと，地場の優良部品サプライヤーを活用したコスト競争力が強みであり，技術力やブランドに弱みを抱えていたのです。まさしく2者はお互いの強み・弱みを補完し合う関係にあったことがわかるでしょう。こうした2者が連携し，中国市場の先の見えないコスト競争から抜け出し，伸びていく市場の最も旨みのある部分を得られるようにしたのです。以上の関

図表7－2▶▶▶中国バイク市場における2者の競争状況（SWOT分析）

ホンダ	
強み 技術力 商品デザイン ブランド	機会 市場の伸び
弱み 販売チャネル コスト競争力	脅威 熾烈な価格競争

新大洲	
強み 販売チャネル コスト競争力	機会 市場の伸び
弱み 技術力 商品デザイン ブランド	脅威 熾烈な価格競争

採るべき戦略：2社の強み・弱みを互いに補完し合う合弁企業を作り，価格競争の脅威から抜け出して成長市場をとらえる。

係をSWOT分析で整理してみたものが**図表7－2**です。この図表からも，まさしくWin-Winの関係構築による競争構造の転換を成し遂げた戦略だったことが再確認できるでしょう。

ただし，ここで大変重要な世の中の競争ルールに気をつけなければいけません。それは，あくまで健全な市場競争をしながら，損耗するだけの不毛な争いを避けるということです。市場経済の中で，企業は，より良い製品・サービスをより効率的に顧客に提供するわざを競い合う社会的役割を担っています。競争の中で，魅力的な製品や，より安価な生産方法，消費者への上手な流通方法が生み出されていくのです。そのため，談合や独占は，各国で厳しく取り締まられています。あくまで，顧客によりよい物をより安く届けるための手段：健全な市場競争をするなかでの手段として，その実現を阻む要因をWin-Winの関係によって取り除くという考え方が大切になります。

Win-Winのかたちは，産業・企業の置かれた状況で異なります。自社とその重要なライバルとの戦略分析をするなかから，双方にメリットのあるかたちを毎度ケースごとにオーダーメイドで創っていくことが求められます。皆さんにはぜひ前節で自分たちが検討した事例について，Win-Winとなるかたちを考え，練習を積んでみてもらいたいと思います。

Exercise 練習しよう

前節で戦略分析した自社とライバル会社について，Win-Winとなるかたちを模索してください。

5 正面から戦わねばならないとき

どうしてもWin-Winとなる解がみつけられず，強力なライバルと正面から同じ市場をめぐって戦わねばならないときには，どうしたらよいでしょうか。相手の反応を考慮するという発想（ゲーム理論ベースの戦略論）は，こうした状況についても1つの指針を与えてくれています。それは，「相手の反撃できない手をうち，一発で勝負をつけること」が望ましい（Win-Win関係構築の次に望ましい）ということです。

競争が続き，自社が疲弊してしまうのは，競合他社が反撃できてしまうからです。終わりのみえない価格競争や，CM合戦，投資競争，出店競争などはその典型です（企業戦略を考えよという課題で「値下げをして競合を振り落とす」「積極的な広告戦略で知名度を伸ばす」というレポートがいかに多いことか)。いくらでも反撃可能な策ではなく，反撃ができない策であれば，こちらはその戦略で一気に相手と差をつけることができます。ですから，望ましい戦略かどうかは，相手が対応できるかどうかが重要な評価基準となるのです。

アサヒビールがキリンビールにシェアで逆転を果たした事例は，相手の反撃できない策を実行して成功を収めた典型例の1つとして知られています。旧来，日本市場で6割のシェアを獲得していたキリンビールは，酒屋さんから各家庭にまで宅配される流通構造を確立していました。主要な顧客層である中高年男性が，奥さんにお酌をしてもらって飲むというのが定番のかたちで，女性や若年層には良さのわからない深いコクと苦みがキリンビールの特徴でした。アサヒビールは，徹底してそうしたキリンビールの旧来の価値観を否定します。新商品として投入されたスーパードライは，核家族化した若い世代を対象に，新しく台頭したスーパーやコンビニなどの流通チャネルを主な販路とし，男女平等な関係で飲むものと位置づけました。若々しく活動的なブランドイメージをアピールし，味もキレを重視した爽快感を強調したものとしました。

当時のキリンラガーの真逆の特徴を持っていたスーパードライに対し，キリンは反転攻勢をうまく実施することができませんでした。キリンはスーパードライの対抗製品を新規に市場投入しますが，その結果は逆効果でした。従来のキリンラガーのファンであった中高年層はキリンに自分たちの価値観を否定されたと裏切られた思いを感じ，またその従来の味を信奉し，サラリーマン人生を捧げてきた社内の生産・開発・販売の部門も，会社の掲げる新方針に反感を抱き，社内組織状態も悪化する結果となってしまったのです。スーパードライの投入戦略は，キリンにとって反撃が難しいものであったために，キリンの社内体制が整いきるまでのうちに企業規模で数倍の差を逆転することができたのです（淺羽［1995］）。

こうした考え方からすると，長期の企業競争で戦っていくためには，相手が繰り出してくるあらゆる攻撃に対応できるような，**柔軟性**を高めておくことも大切であることがわかるでしょう。

日本マクドナルドは，反撃の能力を磨いて日本の外食市場で圧倒的なチャンピオンの地位を維持している典型的な事例です。かつて有力なライバルであるモスバーガーがてりやきハンバーガーで市場を拡大してきたときには，マクドナルドはてりやきマックバーガーを持ち前の開発力，マーケティング力，生産力，コスト競争力で集中的にプッシュし，今やてりやきと言えばマクドナルドの定番商品となり，モスバーガーの攻勢は食い止められてしまいました。ロッテリアがえびバーガーで同様に攻勢をかけてきたときには同様にえびフィレオを，スターバックスが外食チェーンで伸びてきたときにはコーヒーのメニューを充実させるとともに「マックカフェ」という新業態まで作って対抗し，相手の進撃を止めたばかりか自社の主力商品にまで育て上げています。

この例でみたように，長期的に競争を続けなければならないような市場で

図表7－3 ▶▶▶ゲーム理論の発想を取り入れた戦略立案順序

自社と競合他社の両方の戦略分析

相手の次の策を予想する

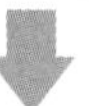

こちらの対応を検討する
1. まずWin-Win関係を模索する
2. Win-Winがつくれない場合は，反撃できない攻撃策を考える
3. 同時に，相手の攻撃への柔軟な対応策を考える

は，勝ち抜く武器を磨くよりも，相手の攻撃に対して速やかに，徹底的な反撃を行うような，反撃の技術を磨くほうが，業績を高めやすいことが明らかになっています（コープランド・アンティカロフ［2002］）。

以上をまとめると，Win-Winの関係がつくり難い，激しい競争が長く続くような市場では，相手を倒すならば反撃できない策を打つべきで，またこちらは相手の攻撃に対して柔軟に反撃が取れるようにしておくことが大切だということになります。そして，相手の反撃できない隙をうかがうにしても，相手からの攻撃への対応力を磨くにしても，その起点は相手起点の戦略分析がもとになるのです（図表7－3）。

以上が，相手の手から考える戦略論：ゲーム理論ベースの戦略論が教える基本的なものの考え方です。それが習得できたかどうか，最後のまとめとして，まず競合企業の分析を行ったうえで，相手が反撃できない策はどのようなものになるのか，相手の攻撃を考慮してどのような防衛対策を行うべきかを考えてみてください。

Exercise　練習しよう

ここまで分析してきた競合他社と自社との関係に対して，反撃が困難なこちらからの攻撃を考えてみましょう。また，相手側が次に仕掛けてくる攻撃に対する，有効な反撃策を考えてみましょう。

▶▶▶さらに学びたい人のために

- J. McMillan［1996］*Games, Strategies, and Managers*, Oxford University Press.（J. マクミラン著，伊藤秀史・林田修訳『経営戦略のゲーム理論―交渉・契約・入札の戦略分析』有斐閣，1995 年）

参考文献

- 淺羽茂［1995］『競争と協力の戦略―業界標準をめぐる企業行動』有斐閣。
- T. E. Copel and V. Antikarov［2001］*Real Options: A Practitioner's Guide*, Texere Publishing.（T. コープランド, V. アンティカロフ著, 栃本克之監訳『決定版　リアル・オプション―戦略フレキシビリティと経営意思決定』東洋経済新報社，2002 年）
- 出水力［2007］「中国におけるホンダの二輪生産とコピー車対策―大手コピーメーカーと合弁の新大洲本田摩托有限公司の発足」『大阪産業大学経営論集』8(2), 143-167。
- J. McMillan［1996］*Games, Strategies, and Managers*, Oxford University Press.（J. マクミラン著，伊藤秀史・林田修訳『経営戦略のゲーム理論―交渉・契約・入札の戦略分析』有斐閣，1995 年）
- A. M. Brandenburger and B. J. Nalebuff［1997］*Co-opetition*, Crown Business.（A. M. ブランデンバーガー，B. J. ネイルバフ著，嶋津雄一・東田啓作訳『コーペティション経営―ゲーム論がビジネスを変える』日本経済新聞社，1997 年）

第 III 部

戦略の構想

第8章

構想：デザイン

第9章

洞察：フォーサイト

第10章

逆転：リバース

第11章

類推：アナロジー

第12章

試作：プロトタイプ

第13章

検証：バリデーション

第14章

人脈：ネットワーク

第8章 構想：デザイン

分析・発想・試作・検証する

Learning Points

- ▶分析をもとに発想し，試作して検証するという戦略構想の方法を理解する。
- ▶不確実な環境では，仮説検証の繰り返しが有効であることを理解する。
- ▶具体的な事例が与えられたとき，ここで学んだ戦略構想の方法で考えられるようになる。

Key Words

戦略デザイン　仮説検証　アジャイル型　ウォーターフォール型

1 経営戦略を構想する

ここからは，第Ⅲ部として戦略の構想についての方法について紹介していきます。第Ⅱ部の分析によって，戦略の構想に必要な知識が多様な視点から蓄積されてきたことでしょう。これからは，それを活用して戦略づくりに挑戦してみます。

すでに，分析編の各章のワークを通じて下調べができてきました。どのような業界が収益を上げやすいか，自社の経営資源の強みと弱みは何かなど，戦略を作るうえでの前提がわかってきたことでしょう。

しかし，分析結果だけがあっても意味がありません。それをもとに，戦略的なアイデアを発想しなければなりません。そして生まれたアイデアを，戦略として1つの構想にまとめ，ストーリーとして語る。その戦略が本当に有効であるかを仮説検証しながら作り上げていくわけです。

このプロセスは**図表8－1**のように示すことができます。基本は，**仮説検証のサイクル**ですが，これを少し細かく分けて「**分析・発想・試作・検証**」とします。

図表8－1 ▶▶▶分析・発想・試作・検証による戦略デザイン

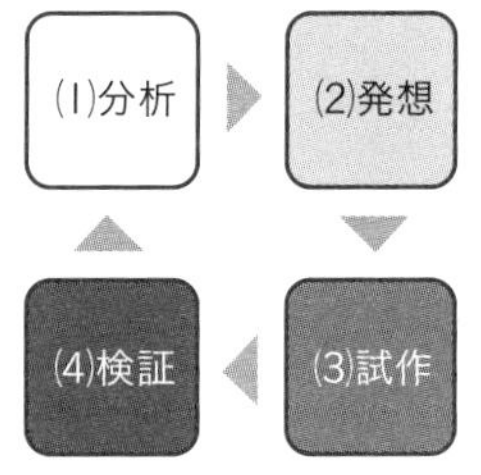

(1)分析……まず戦略にかかわるアイデア発想に先立ち，調査して分析します。大きな問題については，細かく砕いて整理します。

(2)発想……「分析」によって事実を整理できれば，戦略を立てるにあたって何が大切なのかも明らかになってきます。整理した事実をもとに創造的に「飛躍」させて発想します。

(3)試作……「発想」によって「考え」がひらめいたら，それを形にしていきます。形にしていくことで自分の考えもより具体的になります。ストーリーとして戦略を語れるようになれば理想的です。

(4)検証……戦略の「試作」をストーリーにして語れるようになれば，それが有効に機能しそうかどうかを確かめます。トップはもちろん，関連する部門で鋭い感覚を持った方などに語ってみましょう。その検証結果は，次のサイクルの「分析」における新しい起点となります。

2 戦略構想の4ステップ

ここでは，4つのステップについて理解を深めていただくために，オレゴン州を拠点とするあるアンプクア銀行の**戦略デザイン**の事例を紹介します。この地方銀行はもともとは林業従事者たちが小切手を受け取り，それを換金するための銀行でした。設立されたのは1953年，林業が盛んなオレゴン州キャニオンビルという小さな街で6人の行員によってサービスが始められました。アンプクア銀行は，この地域で着実にビジネスを続けてきたのですが，特に目立った業績をあげることはありませんでした。他の地方銀行と同様に，低い成長率で満足していました。

1994年，そこにレイ・デイビスという人物がCEO（最高経営責任者：Chief Executive Officer）として赴任しました。彼は銀行コンサルタントとしての経歴があり，この業界について豊かな知識と経験を持っていました。

Let's think　考えてみよう

銀行が扱う金融商品というのは，商品そのもので違いを生み出すのが簡単ではありません。仮に，優れたアイデアがあってもライバルにすぐにコピーされてしまい，同じような商品が出回ってしまいます。

あなたがデイビスだったら，どのようにして他の銀行との違いを生み出すでしょうか。その差別化戦略について考えてみてください。

デイビスは差別化に向けて，2つの戦略を進めることにしました。1つは，独自の接客・販売の方法を構築することです。彼は，たとえ，取扱商品が似ていても，それをより良い方法で顧客に届けることができれば違いを生み出せると考えました。

もう1つの差別化のポイントは，アンプクア銀行が提供するサービスの品質です。デイビスは，他行がこれまで達したことのないレベルを目指すことにしました。そのレベルの顧客サービスを提供できるようにすれば，おのずと違いが生まれます。行員のトレーニングもそのために行い，個々の商品というレベルではなく，それを提供する仕組みに注目した差別化戦略を進めることにしたのです。

差別化というゴールを定めたデイビスは，それを実現するための戦略について，デザインコンサルティング会社のZiba Designとともに分析を始めました。

2.1 分　析

分析のステップでは，アイデア発想に先立ち，問題を論理的に分析していきます。大きな問題であればあるほど，細かく砕いて取り組んだほうがよいものです。適切な大きさに分けて整理すればわかりやすくなりますし，複雑なことでも理解できるようになります。

アンプクア銀行の場合，業界内のポジショニング分析（第５章）と自社の経営資源分析（第６章）を通じて現状を把握しました。顧客に対してインタビュー調査を行ってみると，アンプクア銀行の顧客は，必ずしも当時の主流であった利便性を求めていないことがわかりました。彼らは大手金融機関の非人間的で温かみのないところを嫌い，大手の銀行が通常の業務に手数料を取っていることに不満を感じていました。ATM やインターネットバンキングが普及して以来，大手の銀行に足を運ばなくなったというのです。

大手に不満を抱く利用者をアンプクア銀行に引きつけるためには，効率的な顧客サービスを超えた価値を提供できなければなりません。幸い，創設以来，アンプクア銀行は，林業や農業に携わる人たちと人間味あふれる関係を築いてきました。顧客からは，よく世話をしてくれるおもてなし銀行として受け止められていることがわかりました。

2.2 発　想

「分析」によって問題が整理できれば，何が重要で，どこから取り組むべきかを考えることができます。何が重要かを吟味し，取り組むべき順序を考えれば，創造性につながる「飛躍」ができます。思い込みや先入観にとらわれないようにして，既存の「枠」を超えるようにしましょう。

デイビスが行ったのが，地方銀行についてのコンセプトの大転換です。これまでの支店に対する考え方を白紙に戻し，「ストア（store）」と呼ぶようにしたのです。そして，銀行の支店を，まるでカフェや百貨店のように演出しました。スターバックス，ノードストローム百貨店，そしてリッツカールトンという一流ホテルからヒントを得て，利用者にとって居心地の良い空間をつくることにしました。

こうして一般の銀行とは逆をいくという戦略アイデアが生まれました。それが「スローバンキング（Slow Banking）」です。銀行といえば，「お金のことだけ処理して終わり」というイメージが強かったのですが，ゆったりくつろぐという風変わりなあり方を追求することにしました。

ちょうど，地域の食材を伝統的な調理法でゆっくりと味わうスローフード（Slow Food）がはやり始めていた時代でもあります。「用事がないなら早く立ち去れ」というのではなく，「普段からゆったりとくつろぎに来てください」というのは，時代のニーズにも合っていました。スローバンキングを徹底させることによって，既存の顧客との関係をさらに深めつつ，新しい顧客を他行から呼び込むことができると考えたのです。

2.3 試　作

「発想」によって「考え」が頭に浮かんだら，それを形にしていきます。言葉でもスケッチでも数式でもいいので，何らかの形にしてください。それが仮説となります。学問の世界であれば作業仮説，実務の世界だと試作品を作ればよいのです。

手間暇もかかるので，最初からコストや時間をかけて完成品に近づける必要はありません。関係者や顧客に見せて，フィードバック情報をもらうために形にしていくことが大切です。

デイビスは，自ら考えてきた「差別化戦略」を役員たちに語りました。それは，地方銀行についてのコンセプトを大きく転換させるもので，新しい店のあり方を象徴するフラッグシップストア（企業を代表する店のことで旗艦店と呼ばれる）が必要だと熱弁をふるったそうです。

コンセプトの転換にはコストがかかります。役員たちは，かなり躊躇したそうですが，最終的には試してみることに合意してくれました。フラッグシップストアが成功するか否かによって，差別化戦略がうまくいくかどうか

図表8－2 ▶▶▶ パールストアの内観

出所：ziba tokyo 提供。

を見定めようと考えたわけです。

2003年3月，アンプクア銀行はポートランドにある1つの店舗を刷新してフラッグシップストアにすると発表しました。支店の面積は3,500スクエアフィート（約325平方メートル）と銀行としては典型的な広さです。事務作業をセンターに委ねることで，顧客と直接接しない管理部門のオフィスのスペースを節約することにしました。

2.4 検　証

「試作」によってプロトタイプができれば，それが市場に受け入れられるかどうかを実際に確かめることができます。ウェブサイトであれ，製品であれ，確かめたいポイントを絞って仮説検証することができます。

戦略についても同じことがいえます。アイデアを形にできれば他者からの評価が確かめられます。プロトタイプというと大げさに聞こえるかもしれませんが，プレゼンテーションから始め，見込みがあれば，時間とコストをかけて精度を上げていけばよいのです。

デイビスは役員たちから承認を得るために，さまざまなデータや資料を準備しました。しかし，戦略を推進するために大切だったのは，客観的な数字によって成果を示すことでした。幸い，このフラッグシップストアは650もの新規口座の開設を実現しました。その大半が競合の銀行から移ってきた顧客です。この地域の典型的な銀行が最初の3カ月で1,800万ドルを集めるのに対して，アンプクア銀行は2,100万ドル以上を集めています。

フラッグシップストアの結果に成功を確信した同行は，同じコンセプトによるストアを2004年5月にオレゴン州ベンドにオープンすることにしました。検証の結果，この差別化戦略を推進することを実質的に決めたということです。

3 アジャイル型のメリット

アンプクア銀行の戦略は，新しいアプローチによってデザインされました。すなわち，分析・発想・試作・検証のサイクルを迅速に回すというものです。この方法は「**アジャイル型**」とも呼ばれます。ポイントは「アジャイル＝迅速に」という字義通り，素早く回すことです。

新しいアプローチの特徴は，情報の収集や分析に過度な時間を割くことなく，早めに当たりをつけて仮説を立てる点です。そして，その仮説をラフでもいいので素早く「かたち」にして，その妥当性を検証していきます。

この点が，伝統的な中期経営計画を策定するアプローチとは異なります。伝統的なアプローチでは，戦略を立てるための工程をいくつかに分けて，1つの工程が終わると次の工程に進み，前の工程に戻らないというスタイルです。通例は3年程度の期間を対象として，①「現状の分析」②「計画骨子の策定」③「計画の具体化」④「実施計画とフォローアップ体制の明確化」というような手順で経営戦略が描き出されます。

このような策定プロセスは，滝の水が上から下に落ちるように，前のステップには戻らないということで「**ウォーターフォール型**」と呼ばれることもあります。前のステップの作業が完璧であれば，それを前提に徐々に，詳細を詰めていけばいいという考えです。

プロセス自体は，「アジャイル型」の分析・発想・試作・検証と変わらないように見えますが，サイクルを回すスピードが異なります。前に戻ってはならないので，より完璧な分析，より完璧な骨子，より完璧な具体化，より完璧な実施計画を立てなければなりません。時間をじっくりとかけて各工程を1回で確定しようとするのです。

しかし，われわれは，完璧ではありません。環境の変化が激しい時代に現状の分析を完璧に行うことはできません。また，その現状をもとに，計画の骨子について最適な決定を下し，具体化して完璧な実施計画を立てることなど不可能です。

そうであるからこそ，サイクルを迅速に何度も回して戦略を確定していくという発想が必要なのです。このようなアジャイル型のアプローチのメリットは3つあります。それは，①スピード，②リスクの低さ，ならびに③創造性です。

①スピード

まず第1に，短いサイクルで回して，こまめに修正することができる点です。伝統的なアプローチとは違い，1つひとつのステップにおいて完璧さは求められません。一連のサイクルを早く回すことが重んじられます。そしてウォーターフォール型とは対照的に，何度も修正がかけられるので，さまざまな視点で分析を重ね，発想を膨らませ，いろいろと試して検証することが可能です。

②リスクの低さ

第2のメリットは，市場の反応をみながら戦略を立てることができるので大きなミスが生まれにくいという点です。頭の中で考え抜いてできた計画と比べ，机上の空理・空論になりにくいのです。たとえば，アンプクア銀行は，果たして差別化戦略が実際に機能しうるかどうかを1つの店舗を通じて検証しました。店舗の改修費用に係るコストは相当なものですが，それでも会社の命運をかけた戦略を確かめるためのものとしては安いものです。

伝統的な方法だと，膨大なコストと時間をかけて立てられた計画が一気に進められることもあります。しかし，もし見誤りがあると，大きな失敗をしてしまうことになります。

③創造性

新しいアプローチの第3のメリットは，創造的な戦略を発想できるという点です。人間は全知全能の神ではありません。どれだけ頑張って調査・分析しても不確かな部分が残ってしまいます。特に，環境の動きが不確実であればあるほどデータだけでは語れなくなります。このときに，「仮にこうだと考えよう」というスタンスで発想するのがアジャイル型のアプローチです。

もちろん，その発想が大胆であればあるほど，リスクも大きくなります。導かれた戦略は，未来についての前提から発想されたわけですから，うまく機能するとは限りません。そうであるからこそ，発想を形にして，本当にうまくいくのかどうかを検証しなければならないのです。

アンプクア銀行の場合，「スローバンキングによって他行から顧客を呼び込める」というのは仮説に過ぎませんでした。それでも，実際にフラッグシップストアを出して検証することで，創造的なコンセプトを生み出したのです。

これに対して，伝統的なアプローチでは，前の工程に戻ることが許されません。それゆえ，すべてに完全さと厳密さが求められ，確かな提案しか受け付けられなくなる傾向があります。データの裏付けのないことは却下する，という姿勢が創造性を阻むのです。

以上，戦略構想の基本ステップについて事例と共に解説してきました。

第Ⅲ部の続く各章では，戦略デザインに役立ちそうなさまざま発想法として，未来の洞察による発想法（第9章），逆転の発想法（第10章），アナロジー発想法（第11章）を紹介します。そのうえで，試作の方法（第12章）と検証の方法（第13章）を解説し，最後に，アイデアの発想・試作・検証から実行に役立つ人脈作り（第14章）について考えていただきます。

Exercise　練習しよう

あなたが関心のあるビジネスを１つ選び，(1)分析，(2)発想，(3)試作，(4)検証を行ってください。

▶▶▶さらに学びたい人のために

●井上達彦［2019］『ゼロからつくるビジネスモデル』東洋経済新報社。

参考文献

●平井孝志・淺羽茂［2016］『成果を生む事業計画のつくり方』日本経済新聞出版社。

●井上達彦［2017］「美しい『経験価値』を生み出す」『一橋ビジネスレビュー』東洋経済（65巻２号）秋号，144-160頁。

●H. A. Simon［1990］*Reason in Human Affairs*, Stanford University Press.（H. A. サイモン著，佐々木恒男・吉原正彦訳『意思決定と合理性』筑摩書房，2016年）

第 9 章

洞察：フォーサイト

未来の可能性を知る

Learning Points

- ▶未来は，洞察すると同時に創造するものであり，そのバランスよい両立が求められるということを理解する。
- ▶ペルソナ分析，リードユーザー法，PEST 分析といった各種手法を「未来構想」のために使えるようになる。
- ▶高い確率で起こる未来と，1% の可能性でも起こりうる未来の両方に目配せする技能を身につける。

Key Words

未来構想　ペルソナ分析　リードユーザー法　PEST 分析

1 未来の顧客像から構想する

本章からは，戦略を実際に構想していくための方法について説明していきます。

さて，これから起こる変化を洞察しようとするときに，われわれは「高い可能性を感じる未来の変化」と，「可能性は低いけれども，自社のありようを根底からくつがえしてしまうような変化」の両方について考えをめぐらせる必要があります。未来は無限の可能性を秘めているため，この 2 つの変化の両方に目を光らせておかねば，十分な未来洞察を行うことはできません。

まずは，高い可能性で起こる未来を探る方法として，ペルソナ法を紹介します。マーケティング論を学んだ方の中には，**ペルソナ法**とは顧客の具体的な人物像（ペルソナ）をイメージしていくことで，その個人のライフスタイルに合わせた商品や販売手法を構築していくやり方としてご存知の方もいるかもしれません。経営戦略論で利用していく場合も基本的には同じです。顧客の具体的な人物像をイメージし，彼／彼女を顧客として想定した事業戦略を立てていくことになります。もしペルソナ法に馴染みがなければ，以下の課題にチャレンジしてもらえば，その使い方と有用性はすぐに理解してもらえることと思います。

Let's think　考えてみよう

日本で高級腕時計をしている人はどのような人でしょうか。具体的な人物像を描き，その人のための製品・価格・販路・広告メッセージを考えてください。

あなたはさほど苦労することもなく，日本で高級腕時計をしている人のイメージを描くことができたのではないでしょうか。男性で50代，お医者さんや弁護士さん，高級住宅地に一軒家を持ち，高級車に乗り，ゴルフを楽しみ，グレードの高いクレジットカードを使い，妻と子どもが2人，等々…。そのイメージは，おおむね外れてはいないはずです。そうした人に訴えかけるには，どういう媒体に，どういう広告を載せるのか，自然とイメージできてくると思います。これがペルソナ法です。マーケティング策を練るうえで，たいへん強力なツールとして知られています（高井［2014］）。

マーケティングに用いる場合と，未来分析に用いる場合で決定的に異なっているのは，ペルソナ法を，5年後，10年後，あるいは20年度における主要顧客像をイメージするために用いるという点です。皆さんは，20年後の高級腕時計の顧客と聞いて，どういう人物をイメージするでしょうか。現代の顧客と，同じような人物像になるでしょうか。

20年後，仮に高級腕時計が依然として社会的成功者の40～50代をターゲットとするなら，顧客は現在の20～30代となります。今の日本に生きる20代の皆さんが，これから20年間で社会的に成功したとして，そのとき，今のような高級腕時計を買うでしょうか？　その人は男性でしょうか？　お医者さんや弁護士さんなのでしょうか？　ゴルフをしていますか？　高級住宅街に一軒家を持っているのでしょうか？

実際に，現在の20～30代に尋ねてみると，必ずしもこのような生活を望んでいないことがわかります。現在の当たり前をそのまま未来に当てはめてはいけないのです。現状の高級腕時計の事業戦略は，日本においては20年後には通用しなくなっているかもしれないのです。

実際，高級腕時計メーカーは時代の変化をとらえてすでに戦略変更に乗り出しています。皆さんも，演習としてトライしてみてください。20年後の高級腕時計の主要顧客となる人たちは，どういう生活をしている，どういう人物像なのでしょうか。挙げられるだけ，挙げてみてください。

Let's think　考えてみよう

20年後の高級腕時計の主要顧客となる人たちは，どういう生活をしている，どういう人物でしょうか。

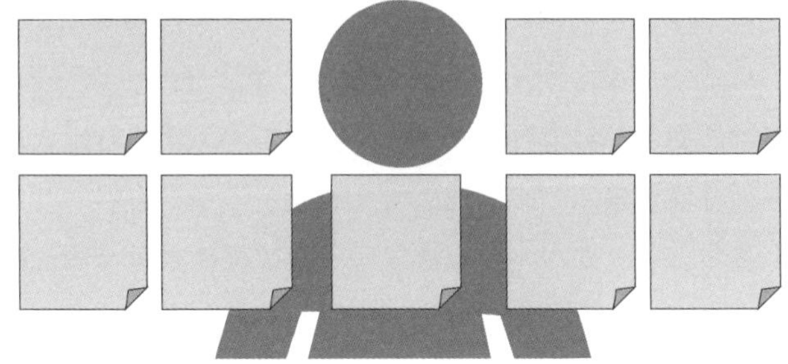

あくまで1つの分析例ですが，20年後に高級腕時計の主要顧客となっている人たちは，現在の顧客層よりもアニメやゲームなどポップカルチャー・オタク文化に理解があり，つつましくモノを欲しない生活に慣れている人たちです。語学能力が高く，グローバルに働いているでしょう。また，スマートフォン世代であり，さまざまな新しいメディアや機器を軽々と使いこなしていることでしょう。環境や貧困など社会的な問題に関心があり，ひょっとしたらそうしたソーシャル・ビジネスで起業している人なのかもしれません。こういった人たちが，20年後には自社と誠実に向き合ってくれるように，いまから戦略を練り込んでいかねばならないわけです。

最後に考慮すべきことは，自社の現状分析に照らして，時代の変化に合わせて何を変え，何を変えてはいけないのかを峻別することです。未来が描けたからといって，自在に自社の姿を変えられるわけではありません。冷静な自社の分析（第３～５章）に照らして，そこからたどり着けるような姿を定めなければならないのです。

もし，この高級腕時計メーカーがロレックスであるならば，その中核的な強みは，壊れない，正確である，極限条件で動作するという「信頼」であり，それに根ざしたブランドイメージです。フランク・ミュラーであれば，遊び心や哲学的思索といった時計というものへの既成概念の破壊と，それを実現する複雑機構でしょう。それらの強み，あるいは譲れないものというのが何なのかを念頭に，未来像を描かなければならないのです。そこを間違えれば，顧客も離れてしまいますし，従業員も描いた未来についてきてくれなくなるでしょう。きちんと現状の自社の姿と，未来においても守っていくべき理念とを明確にしたうえで，未来像を描かなければならないのです。

Exercise　練習しよう

特定の高級腕時計メーカーを想定したうえで，その会社のことを調べ，変えてよいこと・変えてはならないことを明確にしたうえで，20年後の顧客に合わせた製品・価格・販路・広告メッセージを描いてください。

2　1％の可能性にも目を配る

ペルソナ法は，確率の面では比較的高い可能性で起こりうる未来の状況を分析するための手法です。しかし，**未来洞察**においては，起こる可能性の低い未来にも目を配る必要があります。なぜなら，多数の企業が，「そんなことは，あり得ない」と考え，予想だにしていなかった未来の訪れによって経営危機に陥っているからです。

いくつか例を挙げてみましょう。手に取って質感を確認することすらできないオンラインのアパレルショップが成功するとは，誰も考えていませんでした。一軒一軒，荷物を回収・配達するという非効率な物流が採算に乗るわけがないと，誰もが考えていました。音楽プレーヤーに簡素な通話機能をつけただけの電話が売れるわけがないと，業界人はたかをくくっていました。公式の場にネクタイをしないで登場し，記者会見した堀江貴文さんは常識知らずだと叩かれました。

今ではこれらのすべてが否定されています。オンラインアパレルのZOZOTOWNは大成功し，小口宅配のヤマト運輸は日本の物流の覇者となり，iPhoneは既存の日本の携帯電話を蹴散らし，夏場ではネクタイはビジネスのドレスコードではなくなりつつあります。これらのすべては，そのきっかけからわずかに10年も満たない時間軸のなかで起こった変化です。現代の価値観に縛られ，それに基づいた未来洞察は，かくも危険なのです。

未来の，1%の可能性にだって目を配る。そのためのポイントは，皆さんの現在の価値観に縛られないことにあります。今の価値観に縛られるから，「そんなこと，あり得ない」と思うわけです。2000年頃の価値観からすれば「公式の場でネクタイをしないことなど，あり得ない」わけですが，それからわずかに15年ほどの未来の価値観からすれば，「夏場では公式の場でもネクタイを着用しなくてもよいことなど，当たり前」なのです。

この，今の常識を疑い，未来の常識となりうる1%の可能性を探すための方法が，**リードユーザー法**です（本條［2016］）。リードユーザーとはまさしく，世の中のトレンドを先取りしている全ユーザーの1%にあたる人たちです。現代人の価値観では理解できない，未来の価値観を保有しているのが，この先進的な1%のリードユーザーたちなのです。

リードユーザー法の実践方法は，とても簡単です。個人なら個人で，グループならグループで，「最近の小さなトレンドで自分には理解できないこと」あるいは「誰にも理解してもらえないけど，自分のなかでのブームであること」について検討してください。それこそが，現代では非常識だけど1%の可能性で未来の常識になりうるものです。

業界のほとんどの人々には理解されませんでしたが，スティーブ・ジョブズには（そして，そのアイデア創出を助けた孫正義にも）スマートフォンが数年もすれば社会の常識になるのは見えていました。業界の誰もが信じませんでしたが，ZOZOTOWNの前澤さんはオンラインで服を買うのが当たり前になることに信念を持っていました。そうした「信じられないアイデア・考え方」を，価値がないと一蹴するのではなく「可能性がある」というほうに賭けられるようになるための第一歩が，現代の常識では理解できないことを理解しようとする態度なのです。

現代の非常識が，10年後の未来の常識になっているとすれば，どのような時代が到来しているのでしょうか。そして，それはどのような商品・サービスとして普及しているのでしょうか。ときに論理性にこだわらずに，さまざまな視点から考えをめぐらせることも必要です。このような発散的な思考を行うことで，飛躍のないありきたりな戦略に収束してしまうことを避け，あなたはよりイノベーティブな発想を得ることができるようになります。これを促すのがリードユーザー法です。

Exercise　練習しよう

リードユーザー法：「最近の小さなトレンドで自分には理解できないこと」を検討する中から，10年後には実現するかもしれない未来を洞察し，自社がそれにどう備えるべきかを議論してください。

3　未来の世界がどうなるのかを考察する

ペルソナ法もリードユーザー法も，将来向き合うべき顧客像から自社のあるべき姿を考察するためのものでした。しかし，未来の世界の状況を知るためには，顧客だけ，あるいはそれに相対する自社のことだけを考えればよいわけではありません。より大きく世の中全体を概観して，どのような時代が訪れているのかも，検討材料に入れなければなりません。

そのための方法として次に提案されるものが，**PEST分析**です。PEST分析もまた，マーケティング分野で使われる手法です（コトラー・ケラー[2014]）。Policy（政治・法律・政策），Economy（経済），Society（社会），

図表9－1 ▶▶▶ PEST分析「○年後にはどのような時代が訪れているか？」

Policy 政治・法律・政策	Economy 日本経済・グローバル経済
Society 社会・文化	Technology 技術

Technology（技術）の4側面から，現在または未来の世の中の概況をつかもうとするのです。ここでの未来分析においては，○年後を見据えた未来のP，E，S，Tを分析していきます（**図表9－1**）。

この方法を使えば，数年後の時代がどのようなものになっているか，顧客だけに焦点を当てたペルソナ分析やリードユーザー法とはまた別の答えを得ることができます。

一例を紹介しましょう。政治・政策を眺めれば，これから医療費負担が国民を圧迫することが想定されます。社会をみると，かわいい，かっこいいといった自身の美容への意識がとても高まっています。これらをみていくと，健康や美容を考慮した製品や産業が隆盛していくのは自然な流れのようにみえます。他方，経済的には，格差が広がっていくと想定されますから，低所得者向けのサービスか，さもなくば富裕層を明確にターゲットにしたサービスが必要になるでしょう。そして，技術をみれば，IT技術，AI技術やVR技術の進展がいっそう進むでしょうから，それらを活用した製品が多く登場しているはずです。しかし同時に，こうした技術の高度化の結果，AIやVRに代替されない，人間にしかできない感情労働がむしろ価値を持つようになっているでしょう。

これらの21世紀の大きなトレンドを総合的に考えれば，富裕層を積極的に狙った美・健康ボディづくりの対人コーチング・サービスがこれからの時代にヒットすると考えられます。つまり，日本におけるライザップの成功は，時代の流れからすれば自然なことだといえるのです。

4 「あり得ない」を疑う

最後に，PEST分析の実践における注意点を述べつつ，本章の基本メッセージを確認して締めくくりたいと思います。それは，PEST分析をする際においても，われわれは「高い確率で起こる未来」と「低い確率で起こる未来」の両方に気を配る必要があるということです。すなわち，P，E，S，Tの4つに関して，まず間違いなく起こるであろう変化と，ひょっとしたらこんなことも起こっているのかも……という現代の価値観からは想像できない変化の両方を念頭に，分析は行われる必要があります。

たとえば，これからの人口増加で食糧難の時代が訪れているとしたら，現代の価値観では信じられないような食生活，たとえば虫を食べるだとか，そういうことが起こっているかもしれません。読者の皆さんは，虫を食べると聞いて無意識のうちに「そんなこと，あり得ない」と思ったのではないでしょうか。その思い込みに足をすくわれるのだということは，本章の中で何度も議論してきたとおりです。たとえば食品メーカーであれば，虫を食べることが当たり前になる時代も念頭に，その場合にはどうすればよいかを考えておくことも必要です。少なくともそれは，ありきたりな戦略しか生み出せないような硬直した思考を壊し，戦略を構想していくうえではとても良い訓練になるはずです。

無限の可能性を有する未来というものに向き合うためには，あらゆる前提条件を疑わねばなりません。進取的精神や，ときには遊び心を持って，多様な未来を描いていくなかから自社のあるべき姿を描き出してみてください。

Exercise　練習しよう

1. **20年後の自動車メーカーというのは，どのような製品・サービスを提供している存在となっているでしょうか。この章で紹介した分析ツールを組み合わせてトレンドを読み解き，未来を洞察してください。**
2. **あなたが自動車メーカーの戦略を立案する立場にあるとしたら，その未来像に至るために，どのような戦略をデザインするでしょうか。おおまかな構想について語ってください。**

▶▶▶さらに学びたい人のために

●ハーバード・ビジネス・レビュー編集部［2000］『不確実性の経営戦略』ダイヤモンド社。

参考文献

●ハーバード・ビジネス・レビュー編集部［2000］『不確実性の経営戦略』ダイヤモンド社。
●本條晴一郎［2016］「リードユーザー」『マーケティングジャーナル』35(4)150-168。
●P. Kotler and K. L. Keller［2005］*Marketing Management*, 12th Edition, Prentice-Hall.（P. コトラー，K. L. ケラー著，恩藏直人監修，月谷真紀訳『コトラー＆ケラーのマーケティング・マネジメント』丸善出版，2014年）
●高井紳二［2014］『実践ペルソナ・マーケティング—製品・サービス開発の新しい常識』日本経済新聞社。

第10章 逆転：リバース

ユニークな価値を提案する

Learning Points

- ▶競争戦略を立てるときに何を意識すべきかを理解する。
- ▶逆転の発想によって戦略を構想する方法を学ぶ。
- ▶実際に逆転の発想によって戦略構想の糸口をつかめるようになる。

Key Words

仕組みの差別化　逆転の発想　ブルー・オーシャン戦略

1 戦いに勝てばよいのか

未来を洞察し，競争相手の動きを予測できるようになった今，いよいよ本格的に経営戦略を構想できるようになります。ここで意識して欲しいのが，戦略の要諦です。「経営戦略，特に競争戦略を立てるうえで大切な事は何か」と問われたとき，あなたは一体何を語るのでしょうか。

ごく普通に考えると，競争とは「勝ち負け・優劣を他者と競り合うこと」を意味します。そしてここでいう戦略とは「10年がかりの構想」のことです。単純に合わせると「いかにして戦い，競争に勝ち抜くかの10年構想」となりますが，これは必ずしも正しい答えとは限りません。

これまで学んできたように，経営における競争というのは，同じような製品やサービスを同じ顧客に同じように提供するということを意味します。同じ土俵で競争して何が起こるかというと価格競争が起こります。お客さんにとって「どちらでもいい」という程度の製品やサービスしか提供できていないから買い叩かれてしまうのです。自社もライバルもギリギリまで価格を引き下げ，収益がゼロになるぐらいまで戦うことになります。まさに血みどろ

図表 10－1 ▶▶▶ 2つの種類の差別化

	製品・サービスの差別化	事業の仕組みの差別化
特徴	目立つ，わかりやすい 華々しい成功 真似しやすい 持続時間が短い	目立たない 表面にあらわれにくい成功 真似するのに時間がかかる 持続時間が長い

出所：加護野・井上［2003］。

の競争が繰り広げられるわけですから，お互いたまったものではありません。

それゆえ，**競争戦略**においては同じ土俵で戦わないことを意識する必要があります。10年後に血みどろの競争をしないための計画を練り，その実現に向けて何をすべきかのロードマップを描く必要があるのです。とどのつまり，競争戦略の極意は長期的な時間幅で「非競争」の状態を築くことにあるのです。

さて，戦わない戦略の基本的な方法の1つに差別化があります。第5章で学んだように，差別化できていれば価格競争は起こりません。価格競争がなければ，より大きな利益が手元に残ります。利益が残れば，それを次の投資に充てて，さらに大きな社会貢献ができるようになります。

ここで大切なのは，差別化には2つのレベルがあるという点です（**図表10－1**）。1つは，製品・サービスの差別化です。これは，他社の製品・サービスに対して違いを生み出すことを意味します。表層的な価格の差異，製品の性能，デザイン，品質，広告，イメージ，アフターサービス，支払条件，品揃え，その他顧客への便宜による差別化がこれに含まれます。

もう1つのレベルは，事業の**仕組みの差別化**です。一言でいうと，顧客に価値を提供するための仕組みや能力による差別化を意味します。たとえば，要素技術，製品開発の方法，生産技術，工場の設備や配置，販売と流通の仕組み，人々を動かす仕組み，蓄積された信用などがこれにあたります。

製品・サービスの競争というのは，目立ちますし，よく話題にもなります。しかし，差別的競争優位が持続する期間は短いのです。新奇性のある製品・サービスを市場に出しても瞬く（またたく）間に追随されてしまいます。多くの業界では次から次へと類似製品が開発され，製品そのもので競争優位を持続することは難しくなってきています。

これに対して，事業の仕組みの差別化は，目立つことはありませんし，一般に話題になることも少ないといえます。しかし，ひとたび差別的優位をもたらす仕組みを作り上げてしまえば，その競争優位はより長く持続します。

2 コンセプトやポジションを逆さにする

それでは，事業の仕組みによる差別化を行うにはどうすればよいのでしょうか。ここでは逆転の発想から戦略を構想する方法について紹介しましょう。**逆転の発想**とは，競合他社が行っていることの逆を行くということです。既存のビジネスの逆を行くには，仕組みや能力を抜本的に見直さなければなりません。逆転の発想を積み重ねることによって，仕組みの差別化が実現しやすくなるのです。

演習としては身近なものが望ましいので，レストランを題材にして，標準的な手法を2つ紹介します。

Let's think　考えてみよう

身近なレストランの特徴をリストしてください。それを逆転させたとき，どのようなレストランが実現するでしょうか。新しい価値提案ができるように考えてみてください。

2.1 コンセプトの逆転

コンセプトの逆転というのは，そのビジネスの本質や主要な諸特徴を「逆さ」にすることでアイデアを創造する方法です。

まず，第1のステップとして，既存のビジネスの本質や特徴を洗い出します。ここで選ぶべきは，将来のライバルになりうるビジネスで，なおかつ際立った特徴を持ったものです。伝統的なもの，あるいは尖ったものを選んで，その本質的な特徴を記入してください（図表 10 － 2)。

第2のステップは，その逆を記入するというものです。ここでは，単純に逆を書き出してみましょう。「～がある」に対しては「～がない」，「…が高い」に対しては「…が低い」というように，既存のビジネスの特徴を逆さにしてみてください。

たとえば，皆さんがおいしいレストランを営もうとしているとします。近くのフレンチレストランを調べたところ，その特徴が「極上の雰囲気とサービス」であったとすれば，その逆として「月並みの雰囲気とサービス」と記入してください。

ただし，単純に逆を書き出したとしても価値が生まれるとは限りません。それゆえ「～がない」，あるいは「…が低い」ということに積極的な価値を持たせなければなりません。第3のステップでは，逆にすることで価値を生み出すためにはどうすればよいかを考えてください。

たとえば，「月並みの雰囲気とサービス」についていえば，気軽さやカジュアルさと置き換えてください。伝統的なフレンチレストランは敷居が高いものです。せっかくのおいしい料理も格調高い雰囲気ゆえに，リラックスして食べることができないと感じている人も多いはずです。できるだけ安く，肩肘張らずに，ワイワイと楽しめるフレンチレストランにしてみてはどうかという発想が生まれるかもしれません。料理もフルコースのディナーではなく，ちょい呑み感覚でおいしいものを食べることができれば，来店しやすくなります。こうすれば，客単価は低くても回転率を上げることができるようになります。

図表 10 － 2 ▶▶▶コンセプトの逆転

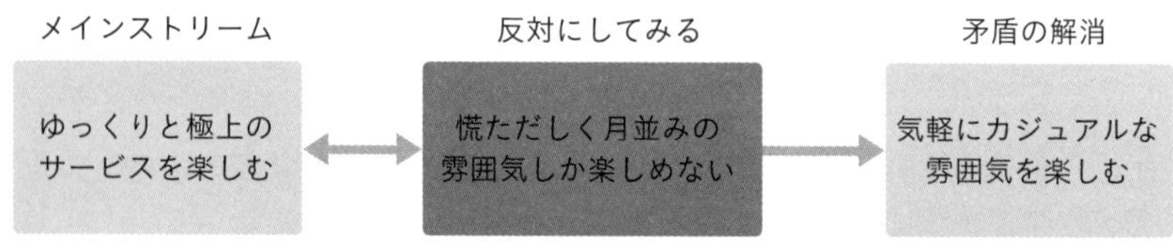

2.2 ポジショニングマップ

逆というのが一義的に決まらないのであれば，ポジショニングマップを用いてもよいでしょう。ポジショニングマップとは，一般的には，他者と自分の相対的な位置づけを2軸上から示した図のことをいいます。そのビジネスの本質を示すコンセプトを一言で言い表すのではなく，主要な特徴を2つ3つ選び出してください。手順は次のとおりです。

まず，第1のステップで，競合相手のビジネスのさまざまな特徴を洗い出します。価格，製品サービスの特徴，顧客の属性などが主要な軸となります。すでに自社がその業界に参入しているのであれば，自社の特徴も示しておいてください。可能であれば，そのビジネスを代替してしまうような製品やサービスについても確認しておくべきです（図表10－3）。

第2のステップでは，洗い出した特徴で重要なものを2つ選び，2軸マトリクスを描き出します（図表10－4）。価格と顧客の属性，価格と製品の特徴，製品の特徴と顧客の属性，というように組み合わせ，競合たちを位置づけてみましょう。フレンチレストランの例でいえば，「値段が高い／安い」「ゆっくりとくつろげる／気軽に立ち寄れる」「富裕層／一般の人々」という軸の組み合わせになります。

第3のステップで，マップ上で競合がひしめき合わない空白を見つけて，

図表10－3 ▶▶▶ ワークシート

① 競合相手のリストアップ
↓
② 特徴の書き出し
↓
③ 比較表の作成

比較項目

競合相手	商品特性	価格	顧客属性
自社			
A社			
B社			
・			
・			
代替商品			
・			

図表 10 − 4 ▶▶▶ポジショニングマップ

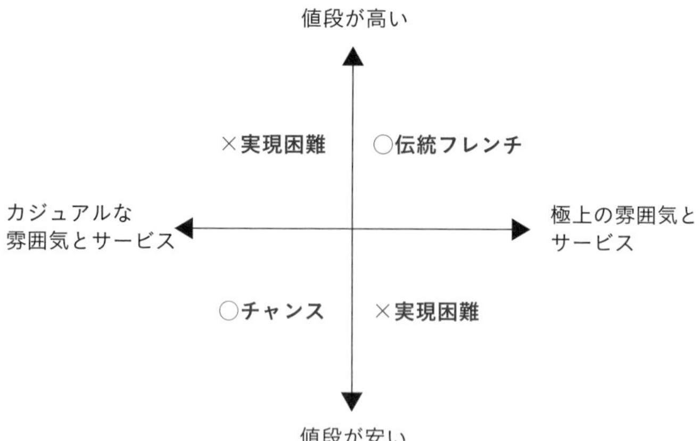

商売が成り立つかどうかを確認します。市場に空白があるとすれば，何らかの理由があるはずです。そもそも顧客のニーズがなかったり，ニーズはあっても技術的に実現するのが難しかったりします。入念にチェックしておく必要があります。

もし，市場が発展途上にあり，そうであるがゆえに空白が残っていれば幸運です。自社が持っている技術や資源と照らし合わせて，参入を検討すべきでしょう。

Exercise　練習しよう

あなたの好きなビジネスを１つ選んで，既存のビジネスの特徴を洗い出し，ポジショニングマップを描いてください。ビジネスチャンスとしての空白ができるような軸の組み合わせを見つけてください。

3 価値曲線を描いてみる

3.1 ブルー・オーシャン戦略

逆転の発想をしつつ，新しい市場を創造するための考え方の1つに「**ブルー・オーシャン戦略**」があります。ブルー・オーシャン戦略とは，競争のない未開拓市場で新しい価値提案をするために，特定の機能を追加・拡充する一方で，別の機能を削除・縮小することで利潤を最大化する戦略です。

伝統的なサーカスは有名道化師を中心に据えて，ライオンなどの動物を使ったショーで成り立っていました。しかし，動物の調教には手間暇がかかりますし，当日のパフォーマンスにも不確実性が伴います。そこで，シルク・ドゥ・ソレイユでは，動物を使わず人間が芸術性を加味して曲芸パフォーマンスをすることにしました。演劇やアートの要素が加わることで，より高い付加価値を生み出すことができました。

伝統的なワインはヴィンテージにこだわります。産地や品種や年代についての基礎知識がわかれば，楽しみも倍増します。しかし，これが敷居を高くしてしまい，一般の人たちから敬遠されてしまいました。そこで，オーストラリアのワインブランドのイエローテイルはこだわらずにカジュアルさを訴求して，新しい市場を生み出したのです。イエローテイルは，産地や品種の記載が最小限にとどめられています。

伝統的な理髪店は各種サービスを提供するものです。ヘアカットするだけでなく，シャンプーして入念にセットして，ヒゲまで剃ってくれます。しかし，シャンプーやヒゲ剃りを必要としていない顧客としてみれば，時間が奪われるうえに，相応の対価を支払わなければならなりません。そこでQBハウスは，ヘアカットに特化することで値段を劇的に下げました。サービスを必要最小限に削ぎ落とすことで，わずか10分でカットが完了するようにしたのです。

シルク・ドゥ・ソレイユ，イエローテイル，QBハウス。これらの事例に具体的な共通点は見出せません。しかし，いずれも既存のビジネスの真逆を実行しているという点では共通しています。「従来では重要とされていたことを重視しない」という発想が同じなのです。

3.2 価値曲線

ブルー・オーシャン戦略を発想するときに主に使われるツールが，**価値曲線**です。価値曲線とは，競合他社と自社の価値提案の違いを折れ線グラフにして対比させたもので，横軸にサービス内容や顧客のニーズ，縦軸にその高低のレベルを示したものです。本章では，これを逆転の発想から戦略を発想する3つ目の方法として紹介します。

第1のステップは，ビジネスの特徴を洗い出すことから始まります。バリューというのは顧客から見た価値のこと，裏を返せばそのビジネスの価値提案のことを指します。対象とする顧客が何に価値を感じるのか，彼らの目線で表現すべきでしょう。たとえば，フレンチレストランでは，「最高のサービス」「ゆっくり楽しむ」「値段が高い」「豪華な雰囲気」「広々とした店内」「食材の品質を補う味付け」などが大切にされてきました。これを価値の軸上にプロットして，既存のビジネスを整理するのです（**図表10－5**）。

第2のステップは，これをベースに逆転の発想をする段階です。価値のポイントをつないだものが曲線として描かれているわけですから，逆位相の曲線を描いてみればよいのです。フレンチレストランでいえば，逆位相は「ミニマムのサービス」「ゆっくりとは楽しめない」「値段が安い」「豪華とはいえない雰囲気」「狭い店内」「品質を補わない味付け」となります。

第3のステップは，新しい価値提案の探索です。先述のように単純に逆にするだけでは価値は生まれません。安い値段や高品質の食材はよいとして，「ミニマムのサービス＝気兼ねのないサービス」「ゆっくりと楽しめない＝仕事帰りでも楽しめる」「最低の雰囲気＝カジュアルな雰囲気」「狭い店内＝親しい距離感」というように表現を置き換える必要があります。さらに，これまで拾いきれなかった顧客層に目を向けてみてください。新しい顧客に新し

図表 10 − 5 ▶▶▶ 特徴の書き出し

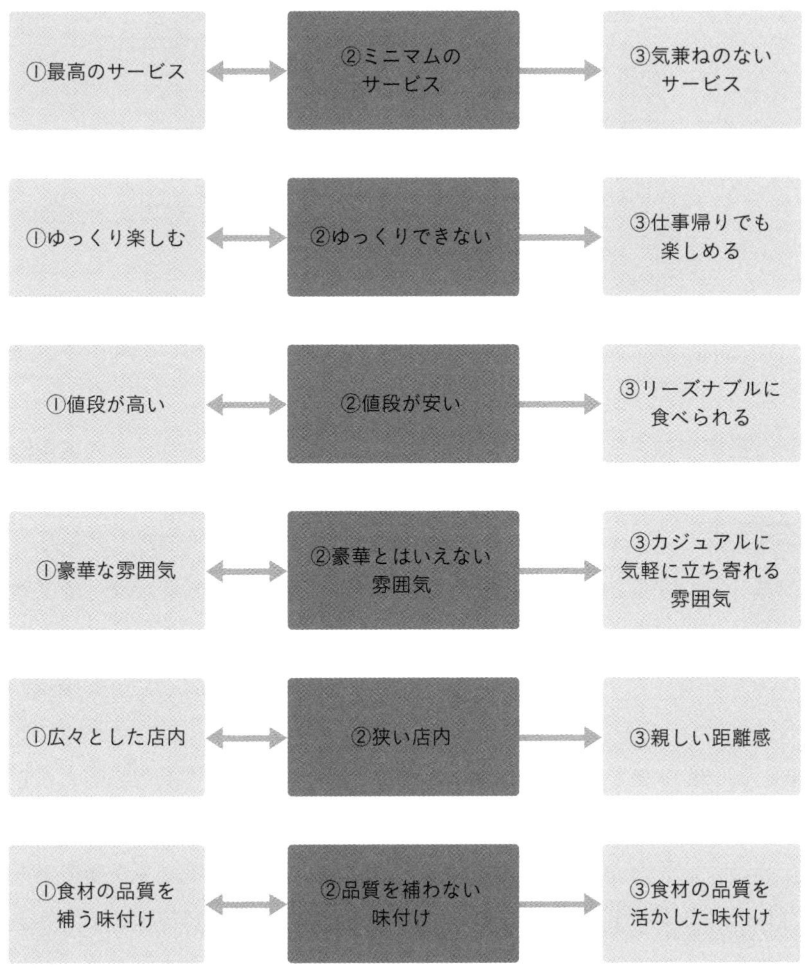

い価値を提案するということは，新しい市場を創造することを意味します。単純に，既存の顧客，すなわち「富裕層」を逆転させて「一般の人々」としてみてもよいでしょう。

第４のステップでは，新しい価値提案を実現するために知恵を絞る必要があります。実は，既存のビジネスの逆だけだと新機軸は生まれません。「一般の人々」が魅力を感じる新しい価値の軸を加え，「一般の人々」にとって

図表10－6 ▶▶▶アクションマトリクスの例

取り除く	増やす
最高のサービス ゆっくり楽しむ	食材の品質
減らす	**付け加える**
値段 豪華な雰囲気 広々とした店内	立ち食いスタイル 提供スピード オープンキッチン

過剰な価値の軸を取り除く必要があります。そもそも，これまでの提案価値に新しい価値を上乗せしていては，コストがかさむばかりです。何を加えて何を削ぎ落とすのかを真剣に考える必要があります。価値の軸ごと追加したり削減したりするという大胆なアクションが必要なときもあれば，軸は残しつつ増減して対応するアクションで済む場合もあります。新しい顧客を念頭に，アクションマトリクスを片手に価値提案を工夫してください（**図表10－6**）。

新しいフレンチレストランの場合，狭い店舗なら居酒屋風とします。立ち食いのスペースを設けて，回転率を高めます。これによって高価な食材を安価で提供することが可能になります。おいしくてリーズナブルな価格で人気の「俺のフレンチ」がこのような逆転の発想で，新しいビジネスを創り上げています。

俺のフレンチは「低価格で手軽な高級フレンチ」というコンセプトを実現させました。われわれの調査でも，「どこかで飲んだ後，2軒目としてフラッと寄れる」「素材が良いものをリーズナブルに食べられる」「高級店にはない手軽さ，引けをとらない確かな味」「高級店より料理が早く提供されるし，お箸で食べられるのがいいね」というような声を聞くことができました。

一般的な高級フレンチレストランですと，食材にかけられる費用は原価の30％以下に抑えられているものですが，俺のフレンチでは食材費を惜しみま

図表 10－7 ▶▶▶「俺のフレンチ」のバリューカーブ

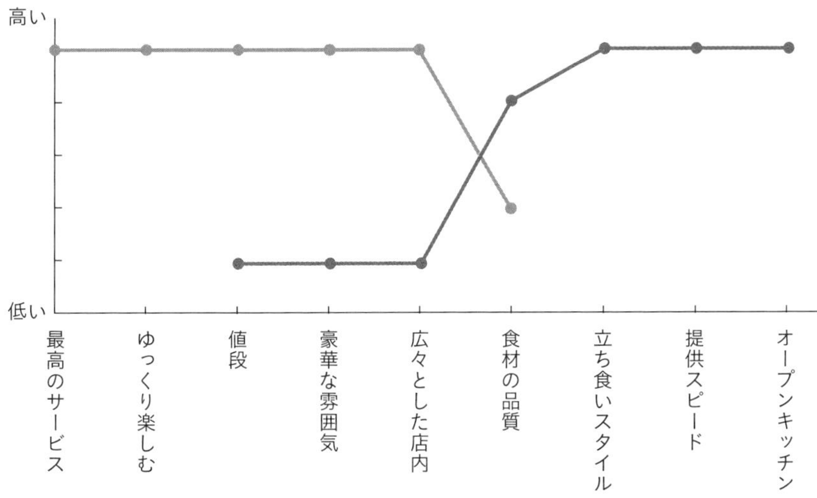

せん。店舗面積の縮小，内装を簡素化，設備費の削減などによってコストを削減した分を食材に充てているからです。オープンキッチンにすることによって，顧客には開放感を与えると同時に，シェフには顧客の反応をみることができるというメリットを与えています（図表 10－7）。

価値曲線の最大の美点は，たくさんの価値の軸を１枚の図に可視化できる点です。ポジショニングマップの場合は，性質上，価値の軸を２つに集約して描き出さざるを得ません。顧客に提供する価値が多岐にわたるような場合でも，そのなかから２つ選んでポジショニングを示すほかないのです。すべての組み合わせを試して描いてみるというのも１つの方法ですが，作業が煩雑になってしまいます。これに対して価値曲線は，価値の軸が３つ以上ある場合でも可視化できるうえに，新しい軸を図の上に付加して検討することができます。多元的な価値をポジショニングを２軸で描くのが難しい場合，価値曲線を作成してみることをお勧めします。

Exercise　練習しよう

あなたの好きなビジネスを1つ選んで，既存のビジネスの特徴を洗い出し，価値曲線を描いてください。新市場を創造することを目的にして，これまで顧客でなかった人たちをターゲットにして，その人たちのニーズを考えましょう。何にこだわり，何を割り切るべきなのか，アクションマトリックスを使いながら提案してください。

▶▶▶さらに学びたい人のために

- 井上達彦［2019］『ゼロからつくるビジネスモデル』東洋経済新報社。
- Kim, W. Chan, and Renée Mauborgne［2005］*Blue Ocean Strategy: How to Create Uncontested Market Space and Make the Competition Irrelevant*, Harvard Business School Press.（W・チャン・キム，レネ・モボルニュ著，有賀裕子訳『ブルー・オーシャン戦略—競争のない世界を創造する』ランダムハウス講談社，2005年）

参考文献

- 井上達彦［2012］『模倣の経営学』日経BP社。
- 井上達彦［2017］「反面教師からの良い学び」『一橋ビジネスレビュー』春号（64巻4号），142-157頁。
- 加護野忠男・井上達彦［2003］『事業システム戦略—事業の仕組みと競争優位』有斐閣。
- 坂本孝［2013］『俺のイタリアン，俺のフレンチ』商業界。
- Kim, W. Chan, and Renée Mauborgne［2005］*Blue Ocean Strategy: How to Create Uncontested Market Space and Make the Competition Irrelevant,* Harvard Business School Press.（W・チャン・キム，レネ・モボルニュ著，有賀裕子訳『ブルー・オーシャン戦略—競争のない世界を創造する』ランダムハウス講談社，2005年）

第11章 類推：アナロジー

海外や異業種からヒントを得る

Learning Points

- ▶アナロジー発想の戦略づくりによって競争優位が築けることを理解する。
- ▶アナロジーによって戦略を構想して実践するための要点を学ぶ。
- ▶アナロジーによって，実際に戦略構想の糸口をつかめるようになる。

Key Words

戦略アナロジー　模倣のパラドクス　認知バイアス

1 戦略アナロジー思考

1.1 海外や異業種からヒントを得る

クロネコヤマトの宅急便のアイデアが，牛丼の吉野家から生まれたという事実をご存知でしょうか。宅急便を立ち上げた小倉昌男氏は，牛丼一筋に絞り込んで成長してきた吉野家を見て，「取り扱う荷物の絞り込み」というアイデアを思いついたそうです（『小倉昌男 経営学』）。

宅急便を進めるうえで，モデルとして参照した対象は吉野家だけではありません。ニューヨークに業務指導と視察に行ったとき，「四つ角に立ってふと見ると，交差点を中心にUPS（ユナイテッド・パーセル・サービス）の車が四台停まっているのに気がついた」（小倉［1999］87頁）そうです。このとき，集配密度を基軸とする宅配ビジネスの可能性を確信したのです。

海外や異業種の戦略や仕組みからヒントを得て競争優位を築いた企業は少なくありません。この章ではその方法について解説していきます。

1.2 アナロジー

自らの戦略をデザインする方法として，優れた戦略を「お手本」にする手法，**アナロジー**（**類推**）があります。アナロジーとは，「2つの物事に共通点があることを認めたうえで，一方の物事にみられるもう1つの性質が他方にもあるだろうと推論すること」（日本大百科全書）です。異国や異業種のビジネスモデルを「お手本」のベースとすれば，自らの国や業界でも，同じような事業の仕組みが再現できると考えられます。

このように説明すると難しく聞こえますが，実はそうでもありません。

「～とかけまして……と解く。その心は○○」

これは，落語における「なぞかけ」の「お題」です。一見すると関係のない2つの言葉を選び出し，それら2つの言葉の共通する部分をオチとして示すという知的遊びです。実は，ビジネスにおける新しい結びつきというのは，この謎かけとほとんど同じ原理なのです。

ヤマト運輸の事例で言えば，「宅急便」とかけて「牛丼」と解く。その心はといえば，「どちらも絞り込んだサービスに資源を集中する」となるでしょう。

このように，「えっ，それどういうこと？」と聞いた者を驚かせ，戸惑わせるようなアナロジーは新しい発想を生み出します。結びつかないようなものの関連性を探るなかで，「なるほど」と思えるようなアイデアが生まれるのです。

1.3 アナロジーで発想する

それでは，具体的にどのようにすればアナロジーから戦略を発想できるのでしょうか。先の例だと，宅急便というのは運送業界において吉野家と同じく，サービスを宅配事業に絞り込んだ戦略だといえます。いわば，「運送業界の吉野家になる」という発想から生まれた戦略なのです。

われわれも「○○業界の～になる」と宣言して，アイデアを発想してみましょう。この文章で○○に自身の業界を記し，～の部分にお手本を入れてください。仮に，あなたは居酒屋を営んでいたとします。

「居酒屋業界のスターバックスになる」

あてはめるだけでイメージがわくはずです。たとえば，自分の居酒屋がスターバックスのように，ホスピタリティに満ち溢れている様子。あるいは，1人でほっと一息つきながら，ネットサーフィンしながら美味しいお酒とスナックを楽しんでいるというイメージです。

さらに深く考えて，経営の仕組みや戦略に踏み込むこともできます。スターバックスのように，レジで注文した後は飲み物や食べ物を自分で運ぶセルフサービス方式にしてコスト削減する。スターバックスのように，特定の地域に狙いをつけて居酒屋を集中的に出店する（ドミナント出店戦略)。このようなかたちでアイデアも思いつくかもしれません。

「～のように，……する」ということはよくあるはずです。アナロジーというと特別な感じもしますが，実は，普段からわれわれが行っていることなのです。

Let's think　考えてみよう

好きな業界を一つ選び，「われわれは，○○業界の～になる」「～のように，……する」と語ってください。そこから発想を広げ，経営戦略や事業の仕組みについてのアイデアをできるだけたくさん出してください。

実際，インドの医療機関で「眼科治療のマクドナルドになる」といってサービスを整備していった医師がいます。アラビンド・アイ・ケア・システムのG・ベンカタスワミー医師です。

インドなどの途上国では，白内障など手術によって治癒できるにもかかわらず，治療費が出せずに失明してしまう人たちが後を絶ちません。ベンカタスワミーさんは，「マクドナルドのように治療のプロセスを細分化・標準化する」「マクドナルドのように治療に携わるスタッフを訓練する」といってこれを進めていきました。結果，効率性が高まり，この医療機関では1年間に1人の医師が約2,600例もの手術を手がけるまでになりました。通常は約400例なので生産性は6倍以上だといえます。

1.4 アナロジーが有効な状況

アナロジーはより重大な場面における戦略構想にも有効です。アナロジー研究の大家であるハーバード大学のリブキン教授らは戦略アナロジーが特に有効な状況を，次の3つに整理しました。

- 前例が限られている状況
- 「とりあえず」が許されない状況
- 創造的な発想が求められる状況

簡単に説明しましょう。アナロジーというのは弱い推論です。ある世界で成り立っているからといって，それと同じようなことが別の世界で成り立つとは限りません。それでもアナロジーに頼らざるを得ないというのは，どのような状況でしょうか。

それはまず，前例が限られているときです。前例が豊富であれば，その統計をとることができます。何百，何千，ときに何万という統計がとれるのであれば，そこから一定の傾向を読み取ることができます。しかし，会社の命運をかけた合併や存続を揺るがすほどの不祥事というのは数が限られています。そういった前例に乏しい場合でも，過去の事例，海外の事例，異業種の事例などから類似したものを見つけて推論するのがアナロジーです。

次に，1つひとつの意思決定に重みがあるときです。もしも，決めた結果の利得や損失がたいしたことなければ，「とりあえずやってみよう」という発想で，試行錯誤を繰り返すことができます。しかし，たった1回の決定が会社の命運を左右するような場合はアナロジーに頼らざるを得ません。このときも，過去の事例，海外の事例，異業種の事例などが役に立ちます。合併にしても不祥事にしても，成功例や失敗例があるので，同じ轍（てつ）を踏まないように，そこから学ぶ必要があります。

最後に，これが大切なのですが，創造性が求められる場合です。仮に，あなたの業界に戦略の常識なるものがあったとしても，その常識が「時代遅れ」かもしれませんし，「業界の常識は世間の非常識」という場合もあります。競争戦略についていえば，ライバル他社は同じような発想をしがちです。創造的に解決するときには，多少のリスクを覚悟してでもアナロジー発想したほうがいい場合もあります。

戦略というのは，前例主義では成り立たず，創造的に「非競争」の状況を築き上げる必要があります。リブキンらが「アナロジーは戦略思考の王道である」というのはこのためです。

2　本質を抽出する

2.1　具体と抽象の往復運動

さて，アナロジー発想をするときには，ベースとなる「お手本」のうわべだけを参考にしてはなりません。それがなぜうまくいっているかの本質を抽出し，原理を理解する必要があります。そうしなければ，自らの世界で再現できないからです。具体から抽象へ，抽象から具体へと何度も行き来して，戦略の原理を理解する必要があります。

もちろん，抽象化するといってもさまざまなレベルがあります。高度に抽象化すれば，「本質やインスピレーション」を得ることができます。たとえば，AI（人工知能）ビジネスのトップランナー企業の1つにHEROZ株式会社があります。同社のエンジニアが開発したAIは2013年には現役のプロ棋士に勝利し，2017年には現役の将棋名人に勝利しています。世界トップクラスのAIビジネス企業といっても過言ではないでしょう。

その共同代表の1人である林隆弘氏は，将棋からインスピレーションを得て戦略を構想しているのです。林氏はアマチュア選手として全国優勝の実績があるほどの腕の持ち主です。

> 「構造優位性を築くというのは大切です。柔道とかで，組み手の瞬間に勝負は決まるといいますよね。僕の好きな将棋も実は組み手で勝負が決まることがあります。駒組みの段階で，組み終わったら，もう城の築き方で全然差が付いてしまう。私はビジネスでも同じだと思っています」（インタビューより）

林氏のいう「構造優位」はこのインスピレーションレベルでの抽象化です。実際の戦略的行動というのは，顧客とパートナーのような関係を構築し，創造した価値を分け合うというものですが，将棋と直接対応するわけではありません。そのような関係づくりを将棋にたとえて発想しているわけです。

一方，適度な抽象化にとどめて「パターン化」するという方法もあります。戦略を分類して「型」をみるというのはこのレベルのことで，インスピレー

図表11－1▶▶▶具体と抽象の往復運動

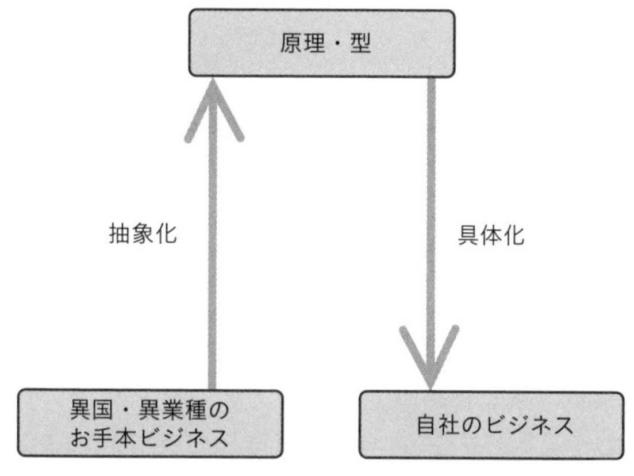

ションレベルよりも「お手本」との対応関係が明確です。先に紹介したアラビンド・アイ・ケア・システムの戦略についていえば「プロセスを細分化・標準化して，治療に携わるスタッフを訓練する」というものです。低価格化を追求した「マクドナルド型」ともいえるでしょう。

ここで重要なのは，優れた「型」を探すことと，自分の手で抽象化して理解を深めるという姿勢です。世の中にはすでにパターン化された「型」が提唱されていますが，それを適用するだけでは限界があります。やはり自らの視点で意外なお手本を探し，それを深く理解して適用すべきでしょう。

2.2 参考にする視点を定める

「お手本」からアナロジーするときに大切なのは，抽象化するときの視点です。どのような視点で参考にするかによって，抽出する原理も具体化する内容も違ってくるからです。

宅急便を立ち上げた小倉昌男氏は，吉野家の「絞り込みの戦略」に注目しました。アラビンド・アイ・ケア・システムのベンカタスワミー医師は，マクドナルドの「オペレーション」に注目しました。HEROZの林隆弘氏は，将棋の「構造優位」に注目しました。

何に注目して「お手本」を参考にするのか。この視点が定まっていなければ，具体的な事例を抽象化させて原理や型を整理することはできません。過去の事例，海外の事例，異業種の事例，それぞれの面白そうな事例からどの部分を参考にしたいのか，多面的にみながら洗い出していきましょう。

少々難しい話なので，演習形式でお伝えします。

Let's think　考えてみよう

下記の生き物について，「似た者同士」を集めて分類してください。多様な視点からたくさんの分類をして，あなたに役立ちそうなものを見つけてください。

詳細がわからない生物については，ネットで調べて取り組んでください。

2.3 目的や問題意識は何か

もしもあなたがロボットを設計するエンジニアであれば，その動きに注目することでしょう。走るものとして「たぬき」「ラクダ」「犬」「イタチ」，登るものとして「コアラ」，泳ぐ・潜るものとして「アジ」「カワセミ」，そして根付くものとして「イソギンチャク」「オヒア」と分類できます。

また，もしあなたが生物学者だとしたら，哺乳類として「コアラ」「ラクダ」「たぬき」「犬」「イタチ」，魚類として「アジ」，鳥類として「カワセミ」，無脊椎として「イソギンチャク」，植物として「オヒア」と分類するはずです。

それでは，戦略を構想しようとするビジネスパーソンだとどのように分類できるのでしょうか。実は，生物の生存戦略という視点が役に立ちます。ここに示されている生物は，いずれも強者ではありません。どちらかといえば，弱者の立場にあり，強者と戦わずに生き抜いていくという戦略をとっているのです。

たとえば,「ラクダ」と「オヒア」には共通点があって，どちらも特別な場所に生息しています。「ラクダ」はコブの中に脂肪を蓄え，血液中に大量の水分を保持しているので砂漠で生き抜くことができます。砂漠には天敵がいないので,「ラクダ」にとってはオアシスなのです。同じように,「オヒア」は溶岩が流れる荒地といった他の植物には生息できないところに生息できるので，自分のテリトリーを広げることができます。

特別なエサを食べることで，生存しようとする生物もいます。「コアラ」はユーカリという毒草を食べることができます。他の動物が食べられないものを食べるわけですから，ユーカリが生息する地域では食料に困ることはありません。競争せずに独占できるのです。たぬきは，これとは逆に雑食で，好き嫌いなく何でも食べてしまいます。他の動物が嫌がるものを少しずつ食べることができるので，こちらもエサに苦労しません。

助け合うことで生存していこうという生物も少なくありません。たとえば「イソギンチャク」はカクレクマノミと共生して，互いにメリットのある関係を築いています。クマノミはイソギンチャクの毒に耐性があるので，そこで巣作りをして身を守ってもらえます。一方，クマノミが「イソギンチャク」に触れることでその触手が伸び，海の中を漂うエサを捕食しやすくなります。

「アジ」は群れることで天敵から身を守るだけではなく，群れることで無数の目がエサを素早く見つけ，捕食できるというメリットもあります。「犬」の場合は，飼い主に仕えて喜んでもらえる代わりに，住む場所とエサを与えてもらうという助け合いです。

強い生物には成しえない，機敏さや特殊能力で戦わずに生存する生物もいます。たとえば,「イタチ」はその小さな体で穴の中に入ってノネズミを捕食できます。より大きなオオカミなどにはできない芸当です。「カワセミ」は水の中の魚を捕食するために，特殊な骨格を持ち，羽には油がついています。ワシやタカが進化できたとしても,「カワセミ」のようになると自らの強みを捨てなければなりません。強者は，自分の強さを犠牲にしなければならないので不協和を感じるわけです。

以上のように，生物の「生存戦略」に注目すると，そこから戦わない戦略についてのインスピレーションを得ることができるのです。

3 戦わない戦略のパターン

「戦わない戦略」についていえば，実は，優れた「型」がすでに示されています。早稲田大学ビジネススクールの山田英夫教授は『競争しない競争戦略』（日本経済新聞社）という書籍で，戦わない戦略を3つに分類しています。

- 大手にとって割の合わない小さな市場に特化する「ニッチ戦略」
- ライバル企業と協力することで競争を回避する「協調戦略」
- ライバル企業の強みを弱みにするような「不協和戦略」

すでにお気づきのように，これら3つの分類は先ほどの生物の生存戦略と一致しています。第1のニッチ戦略とは，「ラクダ」や「オヒア」のように，大手にとって旨みのない市場でビジネスをすることで競争を回避する戦略です。大手企業の人件費は中小企業のそれよりも高い傾向にあります。たくさんの従業員の高い人件費を賄うためには，売上規模を大きくしなければなりません。それゆえ，大手企業にとって割に合わない小さな市場であれば，彼らは参入しようとは思わないのです。

特殊な市場や製品に特化してそこでの支配力を高めることができれば，大手企業との競争を回避できます。特に，特殊な技術開発やきめ細かな顧客対応が必要な場合は，その限られた市場の支配力を高めることができます。市場が限られているので，大手企業としても納得しやすくジレンマを感じることがありません。棲み分けの1つの「型」ということができます。スタートアップ企業や特定の領域で強みを発揮する中小企業は，大企業が嫌う市場で活躍していたりします。

第２の戦わない戦略は「協調戦略」です。先の２つの戦略がライバルとの棲み分けを志向していたのに対し，この戦略はライバルとの共生を志向します。「イソギンチャク」と「クマノミ」のように持ちつ持たれつという精神で，互いに便益がもたらされるような形になるように工夫します。協調戦略もさまざまで，「犬」のように，忠実に主人に仕えるような関係もあります。具体的には巨大な企業の下請けに徹して，必要な部品やサービスを必要なときに提供するというような関係です。

第３の戦略も棲み分けにかかわるものですが，ニッチ戦略とは違う「型」です。それは，大手企業が参入したくなるような規模の市場でも，大手であるがゆえに参入できないような状況を作り上げる戦略です。このような戦略を「不協和戦略」といいます。

不協和戦略とは，大手企業が持つ力がかえって邪魔になるように仕向ける戦略で，この点が「イタチ」や「カワセミ」と類似しています。たとえば，安くて大衆受けする製品やサービスも提供したいのだが，それをすると自社のプレミアムブランドのイメージが落ちてしまうというような状況です。強者が入りたくても入れないというジレンマに陥るということもあり「不協和戦略」と呼ばれています。

4　アナロジー発想するときの注意

アナロジー発想によって構想された戦略は，同業他社からみると不可解に思われがちです。業界の常識に反していたり理解不能だったりするので，多くのライバルはすぐに対応することもありません。そして成果が出ても，十分に理解されるまでに時間がかかります。さらに模倣され始めても，実際に機能するまでには相応の時間が必要です。

こうしたライバルの遅れが自社の仕組みづくりを容易にし，10年がかりで非競争の状態を築くことを促します。このような創造的なアナロジーによって成功した企業が数多くあることからも，戦略アナロジーが戦略構想の有力な選択肢の1つになることは間違いありません。

しかしながら，アナロジーを使う場合には注意も必要です。アナロジーは創造的な解決をもたらすのに絶大な力を発揮してくれますが，確かな答えを導くとは限らないのです。次の2点に注意しながら試してみてください。

第1に，お手本とするベースとそれを適用する自社との間に類似性がなければ効力を発揮しません。解決しようとする課題に類似性があるか，そして置かれている状況に類似性があるかをしっかりと確認しておきましょう。

注意すべき第2のポイントは，類似性があると思っても，それが表面的なものである恐れがあるという点です。特に，「思い込み」ともいえる認知バイアスが作用するとこの罠に陥ります。

- **アンカリング**：最初の概念に固執してしまい，こだわる理由がなくなっても払拭できないこと。
- **確証バイアス**：自分の意見に肯定的な情報を探し求め，否定的な情報は無視してしまうこと。

表層的な類似性に惑わされ，間違った「お手本」をもとにアナロジー発想しても意味がありません。間違ったアナロジーをもとに戦略的な行動を取り続けても有効な戦略は生まれません。本書の第Ⅱ部で紹介した分析を行い，自らがおかれた状況を十分に理解してから，何を「お手本」にすべきかを吟味してください。

Exercise　練習しよう

1. **あなたが関心のあるビジネスを1つ選び，生物の生存戦略からアナロジー発想して戦略を構想してください。**
2. **ビジネスにかかわる事例をいくつか集め，さまざまな視点から分類し，アナロジー発想によって経営戦略か事業の仕組みを構想してください。**

▶▶▶**さらに学びたい人のために**

- 井上達彦［2017］『模倣の経営学（実践プログラム版）』日経BP社。
- 山田英夫［2015］『競争しない競争戦略』日本経済新聞出版社。
- 細谷功『アナロジー思考』東洋経済新報社。

参考文献

- G. Gavetti and J. W. Rivkin［2005］How Strategists Really Think: Tapping the Power of Analogy, *Harvard Business Review* 83(4), 54-63.（G. ガベッティ，J. W. リブキン著，鈴木泰雄訳「不確実な時代の戦略思考―アナロジカル・シンキング」『DIAMOND ハーバード・ビジネス・レビュー』30(7), 48-61, 2005年7月号）
- 浜口隆則［2013］『起業の技術 12 Essentials』かんき出版。
- 稲垣栄洋［2014］『弱者の戦略』新潮社。
- 井上達彦［2012］『模倣の経営学』日経BP社。
- 加護野忠男・井上達彦［2004］『事業システム戦略―事業の仕組みと競争優位』有斐閣。
- 小倉昌男［1999］『小倉昌男　経営学』日経BP社。
- O. Shenkar［2010］*Copycats: How Smart Companies Use Imitation to Gain a Strategic Edge*, Harvard Business Review Press.（O. シェンカー著，井上達彦監訳，遠藤真美訳『コピーキャット―模倣者こそがイノベーションを起こす』東洋経済新報社，2013年）
- C. K. Prahalad［2009］*The Fortune at the Bottom of the Pyramid:Eradicating Poverty through Profits*, Wharton School Publishing.（C. K. プラハラード著，スカイライトコンサルティング訳『ネクスト・マーケット―「貧困層」を「顧客」に変える次世代ビジネス戦略』英治出版，2010年）
- 山田英夫［2015］『競争しない競争戦略』日本経済新聞出版社。

第12章 試作：プロトタイプ

ストーリーにして語る

Learning Points

- ▶戦略を「見える化」して伝える方法を学ぶ。
- ▶ストーリーボードの作り方を学ぶ。
- ▶実際に戦略をストーリーにして検証できるようになる。

Key Words

戦略ストーリー　仮説検証　プロトタイプ

1 試作品をつくってみる

1.1 ストーリーにする便益

情報を集め，未来やライバル企業の動きが予測できるようになれば，戦略についてのアイデアが次々と湧いてくるはずです。これまでの章のワークを通じて，将来の顧客のための製品・サービス，競争相手の動きを先読みした行動，逆転の発想による価値提案，ならびにアナロジーによる仕組み構築など，さまざまなアイデアがすでにストックされていることでしょう。

しかし，これらのアイデアは，まだ断片的なものに過ぎません。それゆえ手元にあるアイデアを1つの大きな流れにまとめ，**戦略のプロトタイプ**（**試作品**）をつくる必要があります。ここでいうプロトタイピングというのは，具体的には，戦略をストーリーにすることを意味します。これによって次のような便益を得ることができます。

- 自分の考えを整理することができる

- 他人に伝えられるようになる
- 実行に移すときに協力を呼びかけて皆を巻き込むことができる

一橋大学の楠木建教授は著書『ストーリーとしての競争戦略』で,「わくわくするストーリー」の大切さを説き,実際に活躍している経営者たちからの賛同を得ています。そこで,この章では,戦略をストーリーにする手法を紹介したいと思います。「ストーリーボード」といって,ストーリーのイメージを簡単なイラストとメモで設計する,海外で使われるツールです。個人やグループで情報を集め,整理して物語にするのに適した手法です。

1.2 アイデアは仮説に過ぎない

第Ⅲ部において紹介してきた「未来洞察に基づく発想」「逆転の発想」ならびに「アナロジーによる発想」は,これまでの常識や思い込みを打破するためのものです。このような発想法のメリットは,大胆なアイデアを出しやすいということです。一方,そのデメリットは,導かれたアイデアが必ずしもうまく機能するものとは限らないという点です。これらの発想法から生まれたアイデアは仮説に過ぎないのです。未来について不確かな前提をおいて,発想するわけですから当然のことでしょう。

それゆえ,発想が大胆であればあるほど,本当にうまくいくのかどうかを検証しなければなりません。頭の中にあるイメージや考え方を「かたち」にできれば,自分のアイデアを整理して人に伝えてその有効性を確かめることができます。

戦略というのは「かたち」にし難いものです。これを伝えられるようにするための方法はいくつかありますが,その中でも「**ストーリーにして語る**」という方法が有効です。

実際,ほとんどのビジネスパーソンが,パワーポイントを作り,戦略をストーリーにして伝えています。株主,経営陣,従業員,取引先などに戦略を語って人々の共感を得ます。

しかし，どのようにしてストーリーにすれば良いのかについては，必ずしも定まった方法はありません。日本で古くから伝わるように起承転結で伝えれば良いのか，脚本のように三幕構成（設定，対立，解決）とすべきなのか，さまざまな考え方があります。現状では，戦略を立てる人の経験とスキルによって十人十色となっています。

2 ストーリーボード

2.1 ストーリーボードの作成手順

ストーリーボードとは，日本では絵コンテと呼ばれているものです。映画，ドラマ，アニメ，テレビコマーシャルなどの映像の制作に先立って，内容のイメージを捉えるために準備される設計図です。1つひとつのカットに対してイラストが準備され，簡単な文章による説明が添えられます。

これが頭の中にあるアイデアを外に出して物語にするためのツールとして活用されるようになりました。作成プロセスの全体は**図表12－1**のとおりです。

まず作成に先立って，下準備が必要です。戦略デザインのワークショップでは，通常は，すでに，課題の定義，情報収集，解決策の提案，ならびに期待される効果などがイメージできているという前提です。特定の業界の特定の企業の立場で，外部環境の分析と内部環境の分析を終え，戦略がイメージできているかを頭の中で確認してください。

準備ができれば，いよいよ作業に入ります。第1に，「かたち」になっていない頭の中の考えを外へ出します。方法は2つあって「言語化」と「視覚化」です。言語化というのは，文字通り言葉にすることです。頭の中のイメージを言葉にするとき，どの言葉が最もそのイメージに近いのか適切なものを選び出します。一方，「視覚化」というのは図や表にすることです。ビジネスの提案においても，イラストにしたり写真で表現したりすることも一

図表 12 − 1 ▶▶▶ ストーリーボードの作成手順

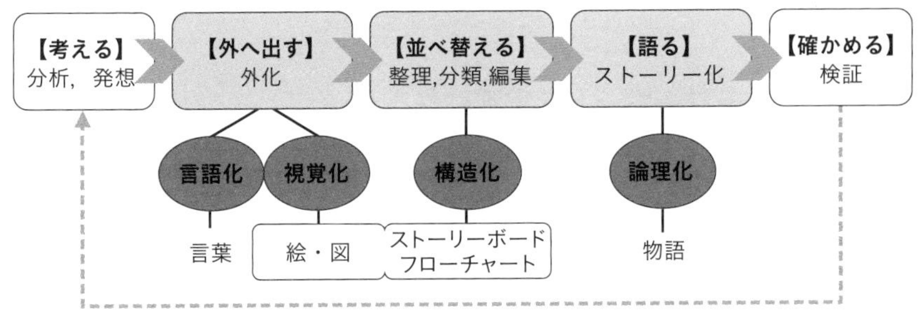

般的になってきました。

具体的な作業としては大きめのポストイット（付箋）とペンを用意します。ポストイットにアイデアを「絵・図」や「言葉」にして書き出します。書き方の注意点として，1枚のポストイットに，1つのアイデアや考えを書くようにしましょう。1枚の中に細々といくつもの考えを書かないようにしてください。逆に，後で何だったか分からなくなってはいけないので，必要な情報は，ポストイットを数枚使い書き留めておきましょう。

第2に，それぞれの要素を整理して分類します。「絵・図」や「言葉」を1つの流れになるように順序立てて並べていきます。絵コンテのように並べたり，フローチャートのように位置づけたりして構造化します。最も伝えたい結論を最初に述べて，それを論理的に組み立てる方法が基本です。

第3に，ストーリーボードを使って戦略を語ります。戦略の打ち手を要素として並べたとしても，それらがどのような論理で結びついているかまでは伝わりません。解決策が図や言葉で示されていても，それがなぜ課題を解決するのに有効であるかの論理は読み取りにくいのです。背後に埋め込まれている論理を，ストーリーとして相手に伝える必要があります。

ストーリーボードを使いつつ，それをストーリーとして語ることができれば，その反応を確かめることができます。思い違いや不備があれば，それを修正してストーリーを作り直します。ときには情報収集を重ねて再分析し，発想し直さなければならないこともあるでしょう。初期の段階では，至らない点があっても大胆な発想を試みてみてください。何度も繰り返して検証を重ね，より創造的で妥当な戦略デザインを心がけましょう。

2.2 ストーリーボードを実際に作る

それでは実際に作ってみましょう。実例があったほうがわかりやすいので「もし，〜がストーリーボードを使って戦略を形にしていたら」という例示をします。株式会社エムールの実際の取り組みを紹介しつつ，説明していきましょう。

Let's think　考えてみよう

あなたは，エムールという寝具を扱うベンチャー企業の経営者だとします。ストレス社会において，同社は「眠りで世界の人を元気にする」というミッションを掲げています。これまで寝具に特化して，国内の生産拠点を開拓し，高品質低価格の寝具や家具を企画し生産してきました。インターネット販売によって売上約20億円の実績を上げ，約10%という高い経常利益率を達成しています。しかし，国内のインターネット販売はいずれ鈍化すると予測されます。ミッションを果たすために，あなたは睡眠の深さを測るような寝具のIoT（Internet of Things）ビジネスを検討し始めます。

まず，睡眠にかかわる困りごとや社会的に解決されていない問題を，戦略的課題として書き出してください。そのうえで，その課題を解消することがなぜ大切なのかという背景について考えを深めてください。

2.2.1 戦略的課題を書き出す

まず，戦略的な課題を書き出しましょう。ポイントを捉えた一言を心がけてください。頭でイメージできていても，それを語句や短い文章で示すのは難しいものです。冗長だと伝わり難くなりますが，あまり簡潔過ぎるのもよくありません。ポストイットに書くとなると，単語ひとことになってしまいがちなので注意してください。課題を象徴的に示すデータがあればグラフにしてもよいでしょう。ビジュアルにイラストなどを書いても面白いかもしれ

図表 12 − 2 ▶▶▶戦略的課題の書き出し

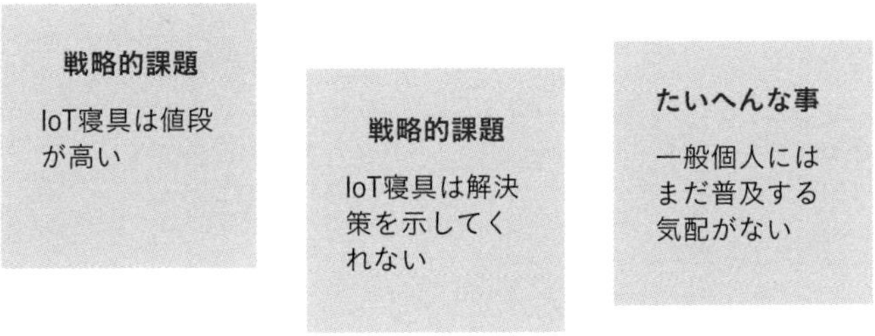

戦略的課題	戦略的課題	たいへんな事
IoT寝具は値段が高い	IoT寝具は解決策を示してくれない	一般個人にはまだ普及する気配がない

ません。

限られた紙幅で要点を伝えるためには，課題に対する理解を深めてイメージを鮮明にする必要があります。言葉や絵・図にすることで頭の中も整理されて将来ストーリーとして語りやすくなるので，しっかり描いてください。

エムールの場合，ライバルとなりうる器具やアプリケーションの問題点を洗い出しました（**図表 12 − 2**）。過去に，睡眠の深さを測る枕やマットが発売されましたが，いずれも値段が高いうえに，どうすれば眠りが深くなるかのソリューションが提案されていません。また，社会で健康に対する意識が高まったといっても，一般個人にはまだ普及していません。

2.2.2 課題を定めた背景を書き出す

次に，課題を定めた背景やその具体例について書き出します。間違った課題を設定しては意味がありません。限られた資源で大事を成すためには，連鎖反応を引き起こすようなポイントにフォーカスする必要があります。たとえていえば，10 本のボーリングのピンを一球で倒すようなものです。センターピンを特定して狙いを定めましょう。

具体的な作業としては，なぜその課題が大切なのか，市場や競争相手の背景や状況を的確に書き出しましょう。ストーリーを伝えるためには，最初に自社がおかれている状況を説明する必要があります。語る段階になって，聞き手がその状況をイメージできるように心がけてください（**図表 12 − 3**）。

エムールの場合，厚生労働省の調査でも働き盛りの 40 歳代の男女の睡眠

図表 12－3 ▶▶▶ 課題の背景についての洞察

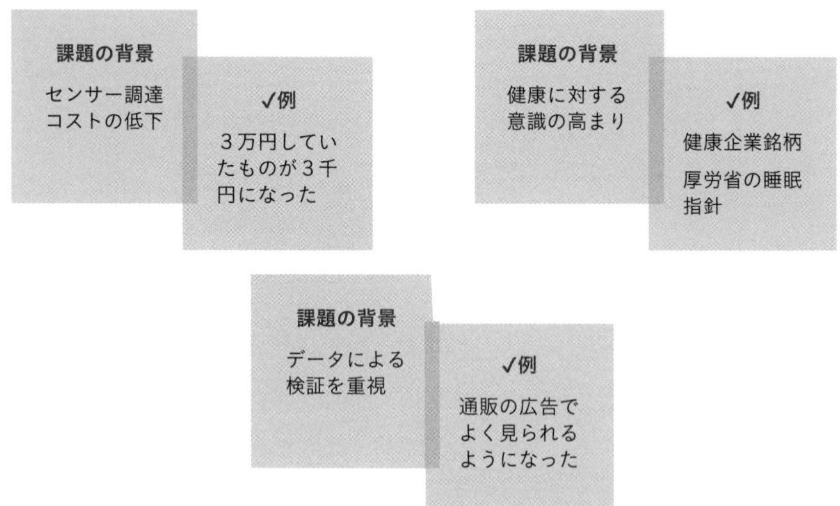

不足が指摘されていることに注目しました。約半数の人の睡眠時間が6時間未満で，3分の1が「睡眠で十分に休養がとれていない」と答えています（平成29年「国民健康・栄養調査」）。時間も深さも足りていないとなれば，これは大きな問題です。

また，過去から未来に向けたトレンド分析を行ってみると3つのトレンドがありました。1つ目は技術の発達です。センサーの価格が著しく下がっています。2つ目は健康に対する意識の高まりです。個人はもちろん，企業などでもメタボ対策をはじめ，社員の健康管理に積極的に取り組んでいます。3つめは利用者の購買行動に影響を及ぼす要因です。SNSの口コミが目立つ一方で，データによる検証を重視する顧客層があることがわかりました。

Let's think　考えてみよう

次に，睡眠ビジネスにかかわる戦略的課題に対して，あなたが経営者ならどのように，それを解決していくでしょうか。自由に発想して考えてみてください。具体策を書き出し，ストーリーにして誰かに語ってみてください。

2.2.3 解決策を書き出す

課題が明確になれば，解決策も書き出しやすくなります。これまでの分析や発想のワークを通じて，すでに戦略的な打ち手は明確にイメージできているはずです。しかし，そのイメージを「かたち」にするのは必ずしも容易ではありません。イメージがあまりにも包括的な場合はそれを分解すべきでしょう。抽象的であれば具体化する必要があります。そもそも，一連の打ち手に「抜け」がないかをチェックしなければなりません。

解決策というのは，過不足なく示すのが理想的です。一言で単語にすればよいというものではありません。一枚の図で可視化するにしても，戦略的な打ち手というのは1つとは限りません。一連の打ち手として説明できたほうがいいでしょう（図表 12－4）。

エムールの場合，眠りの深さを測る小型睡眠モニターを海外から調達し，アプリケーションとともに提供するのが最善だと考えられました。センサーは中国深圳から安く調達します。睡眠研究所を設立し，個々人の環境に合わせたきめ細い提案を行います。そして，当初は個人に普及させるのは困難なのでターゲットを法人と定めます。社員の健康に投資する企業に対して，データに基づくソリューションを提供することにしました。

2.2.4 書き出した要素を貼り付ける

課題，背景ならびに解決策を書き出すことができれば，これらを整理して分類します。頭の中では「これとこれが結びついている」と思っていても，

図表 12－4 ▶▶▶解決策の提示

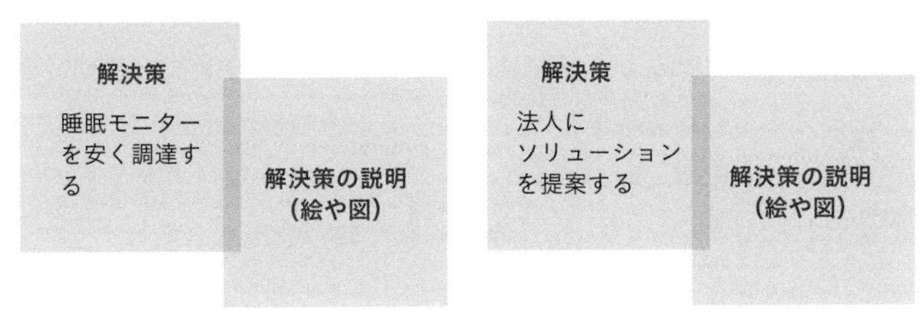

図表 12－5 ▶▶▶ストーリーボードの作成

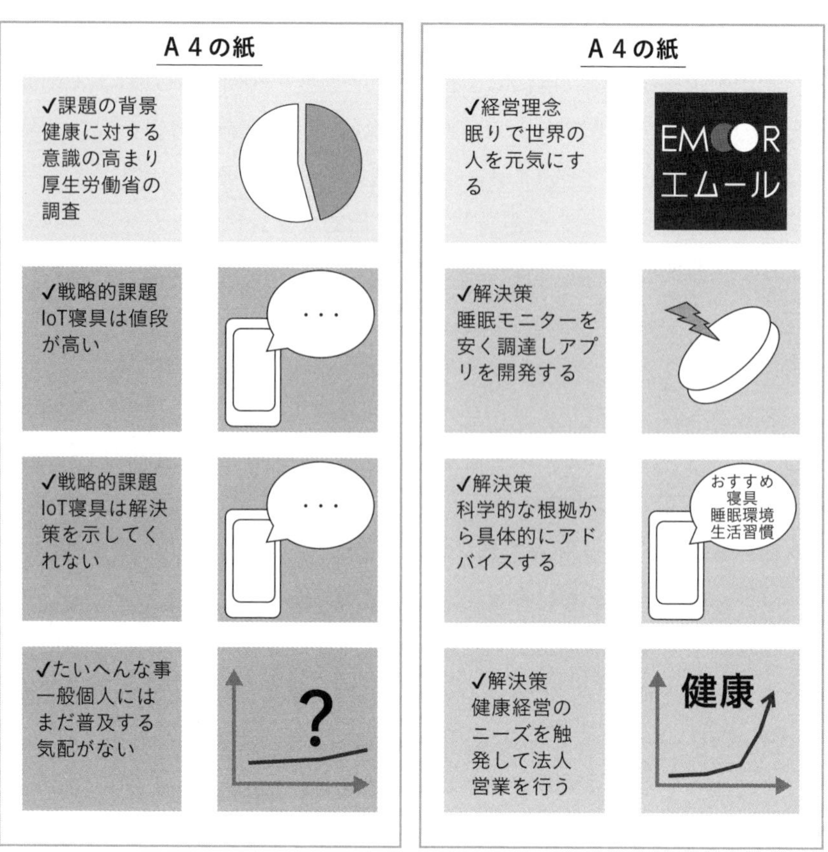

実際に並べてみると，思ったイメージとは違う関係性がみえてくるかもしれません。

貼り付けるときに注意して欲しいのが，その順序です。時間の流れにしたがって，物事の継起を述べる方法もあります。しかし，ストーリーというものは印象的でなければなりません。伝えたいこと，すなわち課題と解決策を先に端的に述べるのが基本でしょう。そして，その解決策が有効である論理をストーリーにすればよいのです。

IoT 寝具についていえば，競合他社はすでに一般消費者向けの IoT 枕や IoT マットレス等を市場に投入しています。エムールは，積極的に法人営業を行い，当面は20社程度に採用してもらうという計画を立てました。

まず，手持ちの枕カバーにつけて睡眠の深さを測定できるモニターを提供します。次に，診断のためのアルゴリズムを開発して，膨大なデータを解析して最適なソリューションが提案できるようにします。そのうえで，個別のデータを解析してパーソナライズ化されたソリューションを提案します。**図表12－5**は，貼り付けたストーリーの要素を示しています。

2.2.5 戦略に名前をつける

ストーリーボードを仕上げるにあたって，戦略に名前をつけましょう。そ

Column 三幕構成

ストーリーで語るときに知っておくと便利なのが，基本構成です。基本構成としては「起承転結」が有名ですが，国際的には「三幕構成」のほうがよく使われているようです。実際，ハリウッドなどの脚本家が多く用いており，三幕構成でないと聞いてもらえないと言われます。

三幕構成というのは，設定（Set-up），対立（Confrontation），解決（Resolution）という，それぞれ異なる3つの部分から成り立っています。全体の比率は，25%，50%，25%というのが標準的であり，それぞれが役割を持っています。

第一幕の設定では，主人公を取り巻く人たちや，主人公が抱える問題などが紹介されます。どのような時代のどのような世界に生き，何に悩まされ，何を達成しなければならないかが示されるのです。そして，最初のターニングポイントが訪れます。主人公には引き金となるような事件が降りかかり，それをきっかけに行動を起こすことになります。

第二幕の対立では，困難を乗り越えようと奮闘する主人公の姿が描かれます。出だしは好調に進みますが，大事を成し遂げるのは容易ではありません。次から次へと問題が降りかかってきます。状況は悪化して主人公は危機を迎えます。そんなとき，良き指導者，良き仲間に恵まれ，主人公は覚醒します。困難に立ち向かう覚悟を決めるわけです。

第三幕の解決では，最大の危機を乗り越える主人公の活躍が描かれます。主人公を取り巻く人物たちの素顔が現れ，ともに最後の試練に立ち向かいます。クライマックスを迎え，試練を乗り越えた暁にはすべての物事が良い方向に向かっていきます。

ストーリーボードという手法が，そもそも三幕構成に基づいて生まれたものだと考えられます。書き出した要素を構造化するときに，このような構成を知っていれば，より簡単に「整理・分類・編集」ができるかもしれません。好きな映画やドラマをイメージしながら作成すれば楽しさも増すはずです。

の戦略の本質を一言で表せるものが理想的ですが，語呂合わせであっても記憶に残ります。秘匿性がなければ，経営陣や従業員はもちろん，取引先や顧客にも伝わるようなものがよいと思います。人から人へと語り継がれれば日々の業務の判断基準となることでしょう。

エムールの場合，ソリューションビジネスは「TechNeru：テクネル」と名づけられました。

3 ストーリーとして語り，検証する

ストーリーボードができれば，それを使って戦略を語ることができます。聞き手をわくわくさせるようなストーリーに仕立ててください。イメージが目に浮かび，「なるほど」と思わせるロジックを整え，印象に残るように語りましょう。頭の中の記憶に残るストーリーはスティッキーストーリーと呼ばれます。一度聞いたら忘れないような粘着性を持たせ，他の仲間にも紹介したくなるようにできれば理想的です。

戦略を物語として語れば，聞き手の反応をみることができます。ときに，間違った課題設定をしてしまうこともあるでしょう。経営陣の前でプレゼンしたところ「そもそも課題が違う，状況が深く理解できていない」と指摘されるかもしれません。このような場合，もう一度，正確な状況把握に努め，課題を設定し直してください。あくまで前向きに「間違った課題設定をせずに済んだ」と思ってください。

気をつけていただきたいのは，ストーリーは，聞き手を説き伏せるためのものではないという点です。あまり見せたくない部分を隠し，都合の良いデータだけで論理を構築し，もっともらしさを演出しても意味がありません。上手に語られたとしても，そのストーリーどおりになるとは限らないからです。

相手に伝えなければならないのは事実ですが，「ありのまま」を伝えることを意識すべきでしょう。上手に伝えるというのは，過大評価も過小評価されることなく的確な批判をもらえるようにするということです。一旦戦略を

実行に移してしまうと多くの時間とコストが費やされます。何度もプロトタイプとしてのストーリーを練り直して，完成度を高めてください。創造的でありながらも妥当な戦略，誰もがわくわくするような戦略にしていきましょう。

Exercise　練習しよう

第Ⅱ部のこれまでの分析から得られた情報からアイデアを自由に発想し，戦略をストーリーにしてみましょう。1つひとつの戦略の打ち手は点としての要素に過ぎません。これらを線でつないで面とするようなイメージで，力強い戦略ストーリーを誰かに語ってください。そして，その反応を検証してみてください。

また，第Ⅲ部のワークをこなし，さまざまな発想法を学び終えた段階で，再び戦略のストーリー化に挑戦してみましょう。自由に発想して導いた戦略と特定の発想法から導いた戦略と何が違うのか，比較検討してください。

▶▶▶さらに学びたい人のために

- 楠木建［2010］『ストーリーとしての競争戦略』東洋経済新報社。
- 井上達彦［2019］『ゼロからつくるビジネスモデル』東洋経済新報社。

参考文献

- G. Reynolds［2007］*Presentation Zen: Simple Ideas on Presentation Design and Delivery (Voices That Matter)*, New Riders Press.（G. レイノルズ著，熊谷小百合訳『プレゼンテーション zen―プレゼンのデザインと伝え方に関するシンプルなアイデア』ピアソン桐原，2009年）
- 山口周［2012］『外資系コンサルのスライド作成術―図解表現23のテクニック』東洋経済新報社。
- E. Lupton［2017］*Design is Storytelling*, Cooper Hewitt, Smithsonian Design Museum.（E. ラプトン著，ヤナガワ智予訳，須永剛司解説『デザインはストーリテリング―「体験」を生み出すためのデザインの道具箱』ビー・エヌ・エヌ新社，2018年）
- C. Heath and D. Heath［2007］*Made to Stick: Why Some Ideas Survive and Others Die*, Random House.（C. ハース，D. ハース著，飯岡美紀訳『アイデアのちから』日経BP社，2008年）

第13章 検証：バリデーション

多様な視点から協議する

Learning Points

- ▶戦略ストーリーを検証する方法は多様であることを知る。
- ▶チームで協議してうまく検証するためのポイントを理解する。
- ▶実際に集団で多様な立場から協議してみる。

Key Words

検証のコスト　グループディスカッションによる検証　多様な意見　建設的な衝突

1 さまざまな検証方法

戦略ストーリーのプロトタイプができれば，次はその検証を行います。検証にあたって，アンプクア銀行のように，実験的な店舗を立ち上げて戦略の正しさを検証できれば理想的です（第8章）。しかし，すべての企業がこのような形で実証実験できるとは限りません。

たとえば，電力事業や通信事業において社会インフラを築く場合，1つの実験にかかるコストが膨大になるため，慎重にならざるをえません。それゆえ，検証もいくつかのステップに分けて段階的に行われます。具体的には，ジオラマと呼ばれる模型を展示したり，サービスイメージのビデオを見せて関係者の感触を確かめたりします。そして反応がよければ，国や政府系の機関から助成金をもらって小規模の実証実験を行ったりします。コストがかからない方法から始めていくのがポイントです。

具体的に戦略ストーリーの検証方法として，コストがかかりにくいものから並べると次のようになります。

1　論理性チェック
2　フレームワークに当てはめてチェック
3　構想チームで多様な意見を出し合ってチェック
4　関係者にインタビューなどしてチェック
5　戦略を象徴する製品サービスを実証実験してチェック
6　実際に小規模でスタートさせてチェック

このうち，最もコストをかけずにできるのが1と2です。戦略ストーリーで確かめたいところから順に，本書の第Ⅱ部で説明してきた理論に照らし合わせたり，フレームワークを用いたりしてチェックすればよいでしょう。自分1人でもできるという特徴もあります。

次に，コストが低いのが3と4です。戦略を構想するチーム内で協議したり，上層部や社内の関係部門に語ってみたりして反応を確かめます。ときに，顧客や取引先にインタビューして，その結果をもとに協議することもあります。適切な人物を選び，しっかりと伝えることができれば，自分一人では考えつかないようなアイデアがもらえることがあります。

そして最もコストが高いのが5と6によるもので，実際に製品やサービスをつくって市場で確かめるという方法です。これらの方法は，実際の市場の反応を見極めることができるという強みがあります。

注意していただきたいのは，製品やサービスの成功と全社的な戦略レベルでの成功とは次元が異なるという点です。戦略の実現には長い期間がかかるので，象徴する製品やサービスの成功を全社的に波及させるためのストーリーがうまくいかなければ，戦略の成功とはなりえません。

試作と検証というのは，具体的になればなるほど徐々にコストがかかっていくものです。それゆえ，できるだけ早い段階でストーリーの筋の良さを確かめて，徐々に実験の規模を拡大していく必要があります。

そこで，まずお勧めしたいのはグループディスカッションによって戦略ストーリーの筋の良さを確かめるという方法です。

2　グループディスカッションによる検証

戦略ストーリーを検証するときに大切なのは，仲間たちと情報収集を分担し，知恵を出し合い，それぞれの視点から比較検討することです。皆で検討するときには，一人で考える場合と比べて，より多くの情報が収集でき，より多様な観点から評価できるようになります。

「三人寄れば文殊の知恵」ということわざがありますが，これは，複数の人が集まって話し合ってアイデアを出すことで，一人で考えるよりも良いアイデアに育てていくことができるという考え方です。ここで，「一人で決めること」と「みんなで決めること」がどのように違っているかを実際にExerciseで体感してみましょう。

Exercise　練習しよう

あなたは宇宙飛行士として，宇宙船で月面にある基地に向かっていました。しかし，宇宙船が故障し，基地から300km離れた地点に不時着してしまいました。そのときの衝撃で，宇宙船の設備の多くは壊れてしまいました。そのため，あなたが生き延びることができるのかどうかは，基地までたどり着くことができるのかにかかっています。あなたに残されているのは，次の15のアイテムです。持ち物を重要な順番に並べ替えてください。

まず，1人で生存戦略について考えてみて，ストーリーとして語れるようにしましょう。その後グループでそれぞれのストーリーを検証しつつ，チームとして生存戦略を確定していきましょう。

a　マッチ箱
b　宇宙食
c　15mのナイロン製ロープ
d　パラシュートの布
e　携帯用暖房装置
f　ピストル2丁
g　粉ミルク1ケース
h　90kgの酸素ボンベ
i　月から見た星図
j　救命ボート
k　方位磁針
l　19リットルの水
m　信号照明弾
n　注射針入りの救急箱
o　ソーラー式のFM送受信機

（出所：Hall and Watson［1970］をもとに筆者作成。）

図表 13－1 ▶▶▶旅行先ホテルの選択問題の例

	ホテル A	ホテル B
学生 1	食事がおいしい，部屋がおしゃれ	**観光地に近い，値段が安い**
学生 2	温泉がついている，駅に近い	**観光地に近い，値段が安い**
学生 3	自転車が無料で使える	**観光地に近い，値段が安い**

実際にワークをしてみると，ほとんどの場合は集団で協議したほうがよいと実感したと報告されます。しかし，中には自分一人で構想した戦略のほうがすぐれているという場合もあります。グループの組み方が悪かったり，検証の方法がまずかったりすると，グループの強みが生かされないこともありますし，望ましくない決定をしてしまうこともあります。よいグループ協議をするためには，いくつかの条件があるのです。

最大のポイントは，多様な意見，多面的なものの見方が，グループの中で確保されるかどうかです。皆が同じ情報，皆が同じ考え方を持っていたとすれば，出てくる答えは似たり寄ったりのものになってしまいます。グループには多様性や，異なる知識・視点が大切なのです。

また，知識や視点の多様性が本来はあるはずのグループであっても，それが会議などの場では十分に共有されるとは限らないという問題もあります。

一例を紹介しましょう（この例は，実際に行われた実験を簡略化し，わかりやすいように骨子部分を抜き出したものです）。3人の学生グループに，AとBという2つの旅行先ホテルの候補を提示し，議論の後にどちらが望ましいかを決めてもらうというものです。その際に，Aに関しては，3人それぞれに異なる情報を与え，Bに関しては，3人全員に共通の情報を与えるとします。うまく議論できれば，候補Aのほうがプラスの内容が多いことがわかるのですが，皆が共有している情報だけで考えるとBのほうが良く見えるわけです（**図表 13－1**）。

このような状況下で協議を行ったとき，本来優れているはずのAが選ばれず，Bが選ばれることがあることがわかっています。これは，皆が共有している情報は「うんうん，確かにその通りだね」とグループの中で重視されやすいけれども，誰か１人しか持っていない情報は「自分は知らないことだから」と，軽視されがちになる人間心理が働くためであると言われています（亀田［1997］）。

もう１つの理由は，共有されていない情報をもとに議論を蒸し返すことにためらいが生じるというものです。ほかの人たちが納得した論点について，自分だけが異なる情報を持っているからといって，もう一度論点を戻すのは難しいのです。

会社の戦略について話し合う場合を考えても，同じ会社の中で，経験を共有しているメンバーで話し合うことになれば，似たような状況は生じうるでしょう。そうした場でこそ，多様な意見，多様な視点を取り入れ，かつ上記のようなことが起こりうることを念頭に，少数意見を拾い上げるように工夫しなければならないのです。

皆が共有している情報，視点だけで判断をしていくことは，単に多様な意見が出てこないというばかりでなく，偏った極端な意思決定が行われることにもつながります。価値観の似た人からなるグループでは，結束力が高くなる反面，反対意見を出しにくくなる，グループの外の意見を軽視するといった問題が生じやすくなります。結果として，自分たちの戦略の弱みや，仮に失敗したときの対応策などをきちんと検討することなく，自分たちの思い込みに支配された偏った決定を行ってしまうのです。

特に，過去に大きな成功体験を持っている場合には注意が必要です。通常，組織の中では，ヒット商品を開発したとか赤字の事業を立て直したとかいうような成功体験を持つ人のほうが評価され，発言力を持ち，次の大きな仕事も任されやすくなります。そうすると，その人たちは前の成功体験をもとに新たな仕事にも取り組みます。

しかし，次の仕事も同じやり方で成功できるとは限りません。むしろ失敗体験から学ぶことも多いはずです。にもかかわらず，大きな成功体験を持つ人ほどそれに引きずられて次も同じように成功すると考えてしまい，失敗のリスクやその場合の対応策を十分考えないということも起こりうるのです。

3 建設的な衝突を奨励する

グループで協議をして何かを決める際に，多様性が大切となることは，皆さんもよくご理解いただけたのではないかと思います。会社であれば，専門分野の異なる人でグループを構成することはもちろん，グローバルに展開している企業であれば異なる出身国の人をメンバーに入れるなどして，多様な文化的背景を持ったメンバーを集めるといった工夫ができるでしょう。

しかし，多様な考え方を持つ人を協議のメンバーにすることで，意見の対立も起こりやすくなります。意見の対立はなるべく避けたいと考えるかもしれませんが，実は対立が起こることが決定の質を高めることにつながります。

もちろん，すべての対立が望ましいわけではありません。感情的な対立が起きてしまうと，その場から合意のあるよい決定を出すことは難しくなります。**感情的対立**は，自分の意見を批判されたことに腹を立て，怒りに任せて相手を批判する，といったことによって生じます。

これに対して，決定をより良いものとする対立は，**認知的対立**と呼ばれるものです。認知的対立とは，自分の考え・理解と相手の考え・理解が異なっているという状況を指します。相手のことに腹が立つ，嫌いだ，という感情的なもつれではなく，考えていることに違いがあるわけです。そうした場合に，相手の意見に冷静に耳を傾け，自分の主張は十分な根拠とともに提示し，望ましい解決案を見つけていくことで，よりよい答えにたどり着ける可能性が高まるのです。

図表13－2は，協議の状況を，感情的対立の程度と，認知的対立の程度の2つから分類したものです。

右上の，感情的対立も認知的対立も多い場合には，さまざまな意見が出ますが，その中には感情的な批判も多く，うるさすぎてまとまらない協議になってしまうでしょう。反対に，左下のように感情的対立も認知的対立も少ない場合は，活発に意見が出されることのない，静かすぎる協議になってしまいます。左上の，感情的対立が多く認知的対立が少ない場合には，その会

図表 13－2 ▶▶▶協議のタイプ

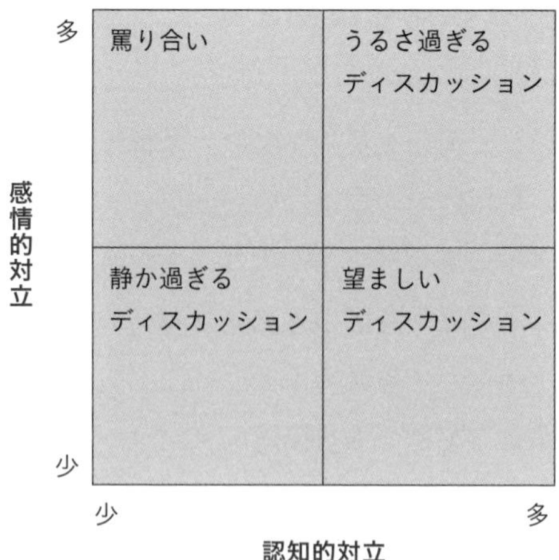

議はただの「罵り合い」です。ですから，最も望ましいのは，感情的対立が少なく，認知的対立の多い，右下のような協議の状況です（ロベルト[2006]）。

こうした状況を作り出すために，どのような工夫が有効でしょうか。

Let's think　考えてみよう

感情的な対立を排し，認知的な対立を顕在化させうる協議を有意義なものとするための工夫として，どのような方法があるでしょうか。

1つの方法は，ディスカッションに参加するメンバーの中に，「わざと批判する」役割の人を設定することです。

この役割になった人は，他の人の意見に対してあえて反論するようにします。その結果，さまざまな観点からの検討が行われやすくなり，アイデアが改善されていきます。さらに，この人は役割としてわざと反対意見を述べているということがわかっているので，批判を受けた他のメンバーもそのことに対して感情的になることも少なくなることが期待されます。

あえて役割を設定するという方法では，批判役以外にもさまざまな役割を設けることができます。たとえば，「常に楽観的な意見を出す」役割を設定してもいいでしょう。その他にもさまざまな役割が考えられますので，参加者全員が何かの役割を持って協議するということも可能です。

その他に，いわゆるディベートのような形式も役に立つでしょう。ディベートとは，自分の主義・主張にかかわりなく，その案に賛成か反対か，あるいはA案側・B案側といったように個人に役割が与えられ，その立場から意見を述べるようにしながら，答えを出していくというものです。互いの意見の問題点を指摘し合い，それに対処しようとする中から，アイデアを改善していくことができます。

協議を行う際の，リーダーの役割も重要になるでしょう。リーダーが批判的な意見を許さない雰囲気を作ってしまうと，自由に意見を出すことができなくなります。反対に，失敗を恐れずさまざまな意見を出し合える雰囲気を作ることができれば，協議は建設的なものになるでしょう。

グループディスカッションをより適切に行うための方法がわかれば，戦略の構想にさまざまな形で役立てることができるようになります。戦略ストーリーを検証するのはもちろん，それをいかに実行していくかについても話し合ってみてもよいかもしれません。

Exercise　練習しよう

協議に多面的な視座，多様な意見を生み出すための仕掛けの1つに，心理学者，デ・ボーノが開発した6つの帽子という手法があります。この手法を用いて，あなたの戦略ストーリーをグループで検証していただきたいと思います。

- **白色の帽子：客観的・中立的な視点**
- **赤色の帽子：感情的・直感的な視点**
- **黄色の帽子：前向き・積極的・肯定的な視点**
- **黒色の帽子：後ろ向き・消極的・批判的な視点**
- **緑色の帽子：革新的・創造的な視点**
- **青色の帽子：分析的・俯瞰的な視点**

6つの帽子を用いた協議のルールは簡単です。みなで同じ帽子をかぶって議論をし，時間を区切って，その帽子の色を変えていくのです。それを通じて，議論内容に対する，新しいものの着眼点を獲得するのです。時間がなければ，6つを試さず，2つ～4つくらいでも構いません。強制的に視点を変えてみることで，議論の偏りをなくすことが狙いです。

この「6つの帽子」を用いて，あなたの戦略ストーリーについて，その確からしさを検証してみてください。どのような発見，気づきが得られたでしょうか。

▶▶▶さらに学びたい人のために

●内田和成［2007］『仮説思考』東洋経済新報社。

参考文献

●J. Hall, and W. H. Watson［1970］The Effects of a Normative Intervention on Group Decision-Making Performance, *Human Relations*, 23(4), 99–317.

●亀田達也［1997］『合議の知を求めて』共立出版。

●M. A. Roberto［2005］*Why Great Leaders Don't Take Yes for an Answer:Managing for Conflict and Consensus*, Wharton School Publishing.（M. A. ロベルト著，スカイライトコンサルティング訳『決断の本質―プロセス志向の意思決定マネジメント』英治出版，2006年）

●H. A. Simon［1983］*Reason in Human Affairs*, Stanford University Press.（H. A. サイモン著，佐々木恒男・吉原正彦訳『意思決定と合理性』筑摩書房，2016年）

第14章 人脈：ネットワーク

構想と実行のために関係を築く

Learning Points

▶戦略の構想から実行に至るプロセスで４つの異なるタイプのアクターとのつながりが必要であることを知る。
▶戦略を構想し，それを実行していくためのネットワークを描き出すためのツールを習得する。
▶自己のネットワークを評価して，自身の目的を果たすためにつながるべきアクターを描き出す。

Key Words

社会ネットワーク　カタリスト　コネクタ　イネーブラ　プロモータ

1 あなたを助ける人々のつながり

1.1 人々の協力が不可欠

優れた戦略を構想し，それを検証して実行していくためには，人々の協力が不可欠です。新聞・雑誌などのメディアでは知ることができない情報や，専門家による適切な助言があれば，創造的で妥当な戦略を立てやすくなります。集団で協議できれば，多様な視点からその戦略を検証できます。そして，戦略を実行するときには，あなたを支持し「協力を惜しまない」と言ってくれる人たちの力が必要です。その戦略が大胆であればあるほど反対勢力も強くなりやすいからです。

人脈があれば，ヒト・モノ・カネ・情報といった経営資源を集めやすくなります。戦略の構想と実行には「人脈」が必要なのです。

それでは人脈は，どのようにして作っていけばよいのでしょうか。戦略を構想して実行に移すプロセスで徐々に作られていくものなのかもしれません。思いがけないかたちで偶然に作られていくのかもしれません。しかし，時々の局面に応じて人脈を意図的に構築していくべきでしょう。この章では，社会ネットワーク論の知見をベースに，戦略の構想と実行のための人脈作りを，ネットワークの構築として考えていきたいと思います。

1.2 4つの種類のネットワーク

まず，どのような局面でどのような人脈が必要なのかを知っておきましょう。ここで紹介するのは，スタンフォード大学のデザインスクールなどで使われているツールです（Tamara, William and Antti［2013］）。このツールは，ネットワークそのものではなく，結び目となる人や組織に注目します。社会ネットワーク論では，これらの人や組織のことを**アクター**と呼びます。

それぞれのアクターは固有のネットワークに埋め込まれています。あなたの知人や友人にしても，彼，彼女らのネットワークには，あなたが知らない貴重な情報が流れていたり，あなた自身では手に入れられない資源があったりします。背後のネットワークを意識しながらキーパーソンを特定していきましょう。

ネットワークのアクターは4つの種類に分けることができます。

①カタリスト：触媒してくれる人

カタリストとは，あなたに洞察，気づき，あるいは刺激を与えてくれる人・組織のことです。戦略を構想するには長いタイムスパンで広範囲にものごとを眺めなければなりません。普段からの交流がそれほど深くない人，未知の世界を示してくれる人，自分とは異なる世界で活躍している人がカタリストとして創造的な戦略を構想するヒントを与えてくれることでしょう。

②イネーブラ：実現してくれる人

イネーブラとは，あなたのアイデアを実現するために直接的な行動をとってくれる人・組織のことです。カタリストとの接触に成功し，素晴らしい戦略が浮かんでもそれを実行するためには資金や労力が必要です。これらを動

図表 14－1 ▶▶▶ 4つ葉のクローバー人脈

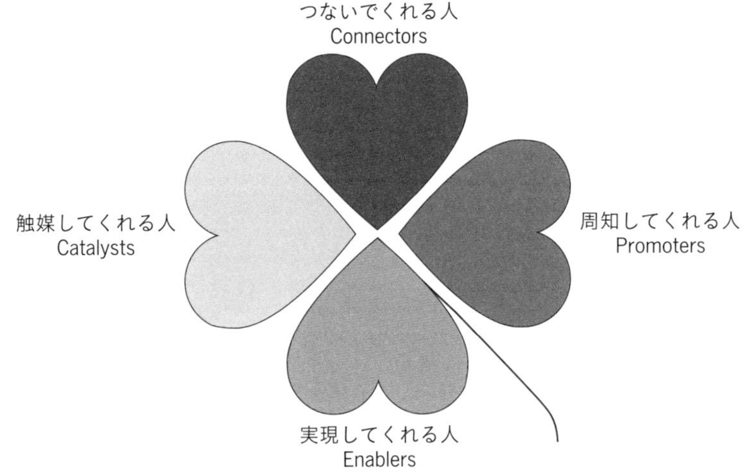

出所：Tamara, William and Antti［2013］.

かす立場にあり，あなたに協力してくれる人・組織がイネーブラです。その典型は高い役職につき，権限によってヒト・モノ・カネ・情報といった経営資源を動かせる人です。イネーブラはその組織やコミュニティの中に太くて密度の濃いネットワークを持っています。

③コネクタ：つないでくれる人

コネクタとは，他者への引き合わせを通じて，アイデア発想を促したり，実現に協力してくれたりする人・組織のことです。カタリストやイネーブラが大切だとしても，自力で彼，彼女らをみつけられるとは限りません。ビジネスの世界では，さまざまな業界を行き来する橋渡しがうまい人が，あなたが必要とする資源を持っている人や組織を紹介してくれます。コネクタはあなたの知らない世界のネットワークに埋め込まれているので，自分ではなかなか探し当てられないアクターにつなぐことができるのです。

④プロモータ：周知してくれる人

プロモータとは，他のネットワークにあなたのアイデアやあなた自身を広く売り込んでくれる人・組織のことです。構想した戦略を実行して成果を上げても，それが広く知られなければ大きな力は生まれません。成果を積み重ねるためには，1つの成果が次の成果をもたらす必要があります。成果を周知してくれるプロモータがいれば，次なる一手を打つときにも社内外の人たちが協力してくれるでしょう。

1.3 4つ葉のクローバー

これら4つのアクターを，4つ葉のクローバーにたとえることができます。戦略を構想して実行するためには，クローバーのような多様な人的ネットワークを役立てる必要があるというわけです。

このツールの利点は，ネットワーク全体を正確に描かなくても済むので手間暇がかからないという点です。経営戦略を構想してそれを実行に移すときに，簡便に人脈を分析して必要なアクターとのつながりを描き出すことができます。

2 事例：フェイスブック

2.1 誕生の物語

描き出すためのツールの基礎はわかっていただけたことでしょうから，次はビジネスの事例を使って理解を深めていただきます。ここで取り上げるのは，世界最大のSNS（ソーシャル・ネットワーキング・サービス）である，フェイスブックを立ち上げたマーク・ザッカーバーグ氏の人脈作りです（以下，敬称略）。

フェイスブックの構想と，その実行には，彼が在籍していたハーバード大学でのつながりが大きな役割を果たしています。フェイスブックのアイデアは，ザッカーバーグがハーバード大学在学時に構想したものです。彼はプログラミングを得意とし，当時からさまざまなウェブサービスを作っていました。そんな折に，上級生のウィンクルヴォス兄弟が彼に接近してきます。彼らはザッカーバーグの才能に注目し，ハーバード・コネクションというハーバード大生限定のSNSというアイデアが実現するようザッカーバーグに協力を仰ぎました。

ザッカーバーグは，そのアイデアの魅力には気づきつつも，ウィンクルヴォス兄弟とは価値観があわないと感じていました。そのため，彼らから得たアイデアを土台に，これまでザッカーバーグが作ったウェブサービスのアイデアを組み合わせながら，自らSNSを作り上げることにします。

彼が作ったウェブサービスで有名なものとして，寮の一室で自ら開発した2つのソフトウェアがあります。1つは，コースマッチというソフトで，大学内で誰がどの講義を履修しているかを知らせるという単純なウェブサービスです。ユーザーは，友人や興味のある人がどの講義を履修しているかがわかるので，講義を選択する際に参考にできました。

もう1つは，ハーバード大学のそれぞれの寮の公式の顔写真アルバムから画像を調達し，キャンパスで最もホットな人物を決めてもらうというサービスで，フェイスマッシュと名づけられました。このサービスは学生の評判を呼びはしたのですが，第三者が勝手に写真を入手・アップロードして利用したことには倫理的にも法律的にも大きな問題がありました。彼は，後にこの失敗経験から学び，フェイスブックでは，ユーザー自身が自分の情報をアップロードしてもらうという解決策を考えつきます。

ザッカーバーグは，この当時，精力的にSNSに関連するソフトウェアを開発し，実験を重ねていきました。このようにして生まれたのがフェイスブックです。

フェイスブックの開発は，ザッカーバーグが主体となったものの，彼一人の手で作り上げたわけではありません。膨大なプログラミングやウェブ・デザイン，利用者拡大のためのマーケティング，サービス維持のためのサーバー・コスト負担などは，1人の力でまかないきれるものではありません。そのため，ザッカーバーグはハーバード大学のカークランド寮の仲間たちとともに起業し，フェイスブックを立ち上げたのでした。

ハーバードの学内で成功を収めたザッカーバーグは，学外へこのサービスを広げます。このとき，彼はかつて隆盛していたSNSのフレンドスターの失敗を思い出します。同社はリリース後の1カ月内に数百万人のユーザーを獲得するという大挙を成し遂げました。しかし，その後のユーザーの急速な拡大にサーバーの容量がついていけなくなり，応答速度が著しく低下し，軌道に乗せる前に失速してしまいました。

サーバーへの負荷を過大にしないためには，会員資格を制限して徐々に増やしていく必要があります。ザッカーバーグはアイビーリーグを中心とする国内の名門大学に絞ってユーザーを広げていきました。名門大学の学生数はマンモス大学と比べると限られたものです。しかも，これらの名門大学には同じ名門高校の同窓生が通っているので，良質のSNSを築けます。フェイスブックの存在を望ましい形で社会に伝えられると考えたのです。

フェイスブックは，ハーバード大以外の大学生も利用するようになり，急速にユーザー数を拡大させていきました。しかし，学生による起業ということもあり，彼らはサービスをこれ以上維持することが難しいほどの資金不足に陥りました。

この財務問題の解決に役立ったのが，ショーン・パーカーとの出会いです。パーカーはシリコンバレーを拠点として活動をする起業家で，音楽の共有サービスであるナップスターの創始者として広く知られていました。彼はフェイスブックの拡大とそのサービスの潜在性に着目し，ザッカーバーグに接触しました。2人は意気投合し，パーカーは早速フェイスブックの経営に参画することになりました。そして，パーカーはシリコンバレーで著名なベンチャー・キャピタリストたちをザッカーバーグに紹介しました。結果，彼らから大きな資本投資を得ることで，財務問題の解決ばかりかフェイスブックの急拡大が可能となりました。

Let's think 考えてみよう

フェイスブックの事例から，ザッカーバーグの人脈を4つ葉のクローバー人脈をもとに4つに分けて整理してください。

2.2 4つのつながり

ここでザッカーバーグの「つながり」を先の4つに分けてみると，次のように考えることができます。

①**カタリスト**…フェイスブックというアイデアは，ウィンクルヴォス兄弟とのつながりによって触発されたといえます。アメリカでは，当時，すでに一般ユーザー向けのSNSはいくつか存在していたので，アイデアそのものが全く新しいものだったというわけではありません。しかし，ハーバード大学の学生にメンバーを絞るという発想はザッカーバーグに刺激を与えたことでしょう。もともと，ザッカーバーグは人をつなげることに関心がありましたが，ウィングルヴォス兄弟との出会いによって彼自身の動きを活発にしたとも考えられます。

②**イネーブラ**…ザッカーバーグは，大学の寮仲間というつながりから，システム開発やマーケティングなどへの「協力」を得て，事業を立ち上げることに成功しています。開発のときに惜しみない協力をしてくれたのがルームメイトです。イネーブラは，プログラムの開発はもちろん，フェイスブックの売り込みや，資金集めなどに尽力してくれました。

③**プロモータ**…フェイスブックの初期の成功を全米の大学に広めてくれたのは，名門高校を卒業して名門大学に通っていた学生たちです。プロモータは，高校時代のネットワークなどを通じてフェイスブックを知り，友人たちに声をかけていったといわれます。

④**コネクタ**…ザッカーバーグたちだけでは解決できない資金問題には，ハーバード大学という枠を超えたパーカーとのつながりが役に立ちました。パーカーがコネクタの役割を果たし，著名ベンチャー・キャピタリストからの投資という「協力」を引き出したのです。

3　社会ネットワーク論からの解説

4つのタイプのアクターとのつながりを持つことで，ザッカーバーグは発想を得て，それを実行に移すことができました。フェイスブックのような偉業が成し遂げられたのは，4つのタイプのアクターが埋め込まれている「ネットワークの力」にあります。ここでは，その力を理解するために，社会ネットワークの基本について解説します。

3.1　1つひとつの紐帯をみる

社会ネットワークの最も基本的な単位は，1つひとつの紐帯です。社会ネットワーク理論では，親友や家族などの頻繁にコミュニケーションをとる関係や，感情的につながりが強い関係を**強い紐帯**と呼びます。他方，単なる知り合いといった，たまにしかコミュニケーションを行わない関係を**弱い紐帯**と呼びます。

このように説明すると，紐帯の強さというのは強いほどよいと思われるかもしれません。しかしながら，強い紐帯から得られる情報はあまり新鮮なものとはなりません。なぜなら，お互いに似たような情報をすでに共有していることが多いからです。

そこで，戦略の構想のような新たな発想をしようとする場合，新たな知人などの「弱い紐帯」を持つことが大切です。関係が弱いと情報交換の頻度が少ないので，互いに共有していない情報を持っている確率が高くなります。

ザッカーバーグの例でいえば，ウィンクルヴォス兄弟との関係が弱い紐帯にあたります。弱い関係だったからこそ，ザッカーバーグは「ハーバード大生限定のSNS」という新たなアイデアを得た可能性があります。逆説的なのですが，弱い紐帯だからこそ，もたらされる情報が有益であるわけです。これを「**弱い紐帯の強さ**（The Strength of Weak Ties）」と呼ぶこともあります。

もちろん，弱い紐帯には弱点があります。「協力を引き出す」という面では不向きなのです。この点を補うのが強い紐帯です。強い紐帯は，物事を遂行するための具体的な協力を獲得しやすいという特徴があります。なぜなら，お互いに信頼し合っており，裏切られる心配がないからです。ザッカーバーグの例でいえば，カークランド寮の仲間との関係が，強い紐帯だからこそ，成功するか不確かなフェイスブックの開発を四六時中行うといった協力を引き出せたといえるでしょう。

3.2 凝集性と構造的空隙をみる

先ほどの分析では，1つの紐帯に絞ってその効果を分析しましたが，自分を取り巻くネットワークが全体としてどのようなメリット・デメリットを自分に与えているかを分析する必要があります。自分を中心としたネットワーク構造のことを，社会ネットワーク理論の専門用語では**エゴネットワーク**(Ego-Network）と呼びます（エゴとは「自分」を意味する言葉です)。

まず,「情報」の獲得という点において，有効なエゴネットワークのかたちとは，どういうものであるかを検討してみましょう。

他人より多くの，有益な情報を得やすいネットワークの位置取り，それは端的にいえば，2つ（以上）の異なるグループの間にいる，ちょうどそのグループ同士を橋渡しするような場所です。それは，2つのグループを結び付けている橋渡しとなっている人です。別のグループの誰かにアクセスするためには，必ずその人に頼らなければならないとしたら，必然的にその人は双方のグループにとって重要な人物となり，情報が集まってきやすくなるのです。なお，こうした複数のグループ同士をつなぎ合わせる役割を持つ人物であることから，コネクタとみなせます（社会ネットワーク論では，このようなネットワーク上の位置にいるアクターをブローカーと呼びます)。

ザッカーバーグの例でいえば，ショーン・パーカーがこの役割を果たしました。パーカーは起業家として活動してきたために，シリコンバレーにすでに強力なネットワークを持っていました。彼がコネクタの役割を果たしたからこそ，ザッカーバーグたちはこれまで縁のなかったシリコンバレーの著名ベンチャー・キャピタリストたちにアクセスできるようになったのです。

次に，仲間から「協力」を得るときに有効なエゴネットワークのかたちについて検討します。一言でいえば，それは，どのくらいそのネットワーク構造が密度高く結束しているかです。多くの仲間たちが強く緊密に，ほとんどすべてのメンバー同士で結びつき合っているとき，それぞれのメンバーからの協力はいっそう引き出しやすくなります。その理由は，単に互いに仲が良いからという面だけでなく，報復を避けるためだとも言われています。もし誰か1人が協力しない行為，裏切り行為をしたならば，その密度の高いネットワーク内で，その人物は仲間外れになってしまう可能性が高いのです。

加えて，密度の高いネットワークでは，「どのような行動が正しくて，どのような行動が正しくないか」という規範が醸成されやすいという特徴もあります。これは，互いにコミュニケーションが頻繁に行われるため，互いの考え方も同質化しやすいからです。この特徴は特定の方向に組織を導きやすいため，戦略の実行に役立つ可能性をもっています。

ただし，密度の高いネットワークは，個人の行動の自由度を奪ってしまうという側面もあります。個人としての思いとはうらはらに，協力「しなければならない」ことも生じてしまいます。また，「正しい行動，正しくない行動」という規範が強固に作られてしまうため，その規範から外れた行動もとりにくくなります。密度の高い社会ネットワークは，善悪両面の効果をもたらすのです。

4　自己のネットワークの分析と描写

最後に，あなた自身のネットワークを分析し，実際に描き出してみましょう。手順は次のとおりです。

1　自分がいま取り組もうとしているプロジェクトの内容，中期的な戦略課題，組織の目標をなるべく具体的に記入してください。

2　そのプロジェクトを念頭に4つ葉のクローバーを描いてください。

3　自身の戦略課題，目標と照らし合わせながら，自身のネットワークを評価してください。自身のネットワークの特徴をプロジェクトの仲間と共有し，評価や助言してもらってもいいでしょう。

先にも述べたように，これは簡便なツールなので，たいした下準備なしに取りかかることができます。ただし，いくつかのコツがあるので，それを紹介しておきましょう。

まず，プロジェクトを明確にする必要があります。1人の個人が保有するネットワークにはさまざまなものがあり，つながりうるアクターの数も膨大です。そのすべてを描き出すことは実質的に不可能です。それゆえ，解決したい戦略課題やプロジェクトを具体的に特定してからそれに関係するアクターだけを記しましょう。

もし，手慣らしに練習してみたいということであれば，現在進行形のプロジェクトではなく，過去のプロジェクトについて分析してみるとよいでしょう。成功例と失敗例のそれぞれについて行ってみると，自分にどのネットワークが欠如していたのかがわかります。

次に，実際にアクターの名前を書いてみましょう。自身とアクターの関係性は，家族，友人，上司，部下，顧客，サプライヤーなどどのようなものでも構いません。書き込む人数も自由です。ただし，自分にとって重要なアクターのみとしてください。どの役割が十分で，どの役割が不足しているかを可視化するのが1つの目的なので，無理にすべてのクローバーを埋めないように注意してください。

アクターの名前を書くに先立って，自分の埋め込まれているコミュニティ（所属企業，取引先，家族，卒業大学など）を先にリストしておくと思い出しやすくなります。あるいは，普段何をしているか（大学の授業や仕事，サークル活動や趣味，アルバイトなど）を思い浮かべ，そこでの知人や友人を洗い出すようにするとよいかもしれません。複数のクローバーに同一のアクターが登場しても構いません。

Exercise 練習しよう

1. **過去に取り組んだ成功と失敗のプロジェクトについて4つ葉のクローバーを描き，それぞれ分析してください。成功，ないしは失敗の要因について，自身の築き上げたネットワークを評価しながら考えてみてください。**
2. **現在進行形，ないしは将来のプロジェクトについて4つ葉のクローバーを描き，それぞれ描き出してください。十分なクローバー（役割）と不十分なクローバー（役割）を特定し，不足する部分についてどのように対応するかを考えてください。**

▶▶▶さらに学びたい人のために

- 西口敏宏［2007］『遠距離交際と近所づきあい―成功する組織ネットワーク戦略』NTT 出版。
- 安田雪［1997］『ネットワーク分析―何が行為を決定するか』新曜社。

参考文献

- 井上達彦［2017］『模倣の経営学（実践プログラム版）』日経 BP 社。
- D. Kirkpatrick［2010］*The Facebook Effect:The Inside Story of the Company That Is Connecting the World*, Simon & Schuster.（D. カークパトリック著，滑川海彦・高橋信夫訳『フェイスブック 若き天才の野望―5億人をつなぐソーシャルネットワークはこうして生まれた』日経 BP 社，2011 年）
- Carleton, Tamara, Cockayne, William and Tahvanainen, Antti［2013］*Playbook for Strategic Foresight and Innovation*, https://www.lut.fi/web/en/playbook-for-strategic-foresight-and-innovation
- R. S. Burt［2009］*Structural holes: The social structure of competition*, Harvard university press.
- J. S. Coleman［1988］Social capital in the creation of human capital, *American Journal of Sociology*, 94, S95–S120.
- M. S. Granovetter［1973］The strength of weak ties, *American Journal of Sociology*, 78 (6), 1360–1380.

第 IV 部

全社の戦略

第15章
全社：コーポレート

第16章
相乗：シナジー

第17章
範囲：バウンダリー

第18章
社会：ソーシャル

第15章 全社：コーポレート

会社全体の方向性を考える

Learning Points

- ▶事業戦略と全社戦略で考えるべきことの違いを理解しましょう。
- ▶組織アイデンティティがなぜ必要か，どのように設定されるべきか，実際に訓練する中で身につけましょう。
- ▶事業ポートフォリオ管理の基本発想を身につけ，練習を通じてその応用ができるようになりましょう。

Key Words

全社戦略　多角化　組織アイデンティティ　事業ポートフォリオ管理

1 複数事業を持つ企業の戦略

ある事業で成功を収め，会社が成長してくると，その成長意欲を当初の事業以外にも向けて，企業は多角化（複数の事業を持つこと）をすることがあります。たとえばソニーは，テレビやラジオ，オーディオ機器などの電子機器の生産販売で創業しました。その後，大きな成功を収めた同社は，20世紀半ばからは音楽制作や映画配給も手がけるようになり，さらには「プレイステーション」に代表されるゲーム事業をも開始します。21世紀に入ってからは，ソニー生命やソニー損保といった保険業にまで進出し，そこでも利益を上げているのです（図表15－1）。

こうした多岐にわたる事業を抱えた企業の戦略を立案する際には，第Ⅲ部までで説明してきた経営戦略に加えて，専用の理論枠組みも必要になります。

ここまで説明してきたものは，ある事業の状況を分析し，そこから得た着想に基づいて戦略を構想する方法でした。こうして作り出された，ある1つ

図表15－1 ▶▶▶ソニー株式会社の経営業績（2017年度）

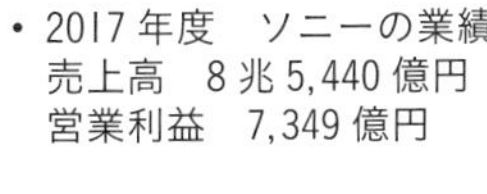

・2017年度　ソニーの業績
売上高　8兆5,440億円
営業利益　7,349億円

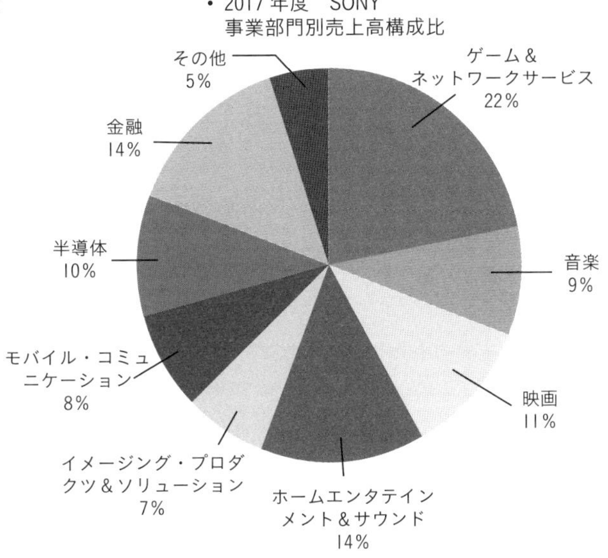

の事業を成功させるための戦略は，**事業戦略**（Business Strategy）と呼びます。これに対し，複数の事業を抱えた企業の全体に対して方針を与えるものとなる戦略のことは，**全社戦略**（Corporate Strategy）と呼ばれます。

第Ⅳ部では，この全社戦略を取り扱っていきたいと思います。最初にその概要を説明しておきましょう（**図表15－2**）。全社戦略でも，基本的な発想順序は同じです。まずは，全社についてあるべき姿を定めます。1つの事業だけを考えればよいのならば，その事業の未来像を描けばよいですが，いくつもの事業を持つ企業の場合は，それらの事業全体に大きな方向性を授けるような組織としてのアイデンティティを的確に提供してやることが経営者の役割となります。また，その方向性を個別の事業の経営方針にまで具体化することも大切です。この第15章ではそうした「全社のあるべき姿」の描き方を議論していきます。

あるべき姿が定まったら，次は企業の内部と外部に関する具体的な戦略構想です。第16章と第17章では，まず企業の内部に目を向けます。複数の事業を抱える企業に特有の課題として，事業間の関係性をデザインすることが

図表 15－2 ▶▶▶本書で扱う全社戦略の概要

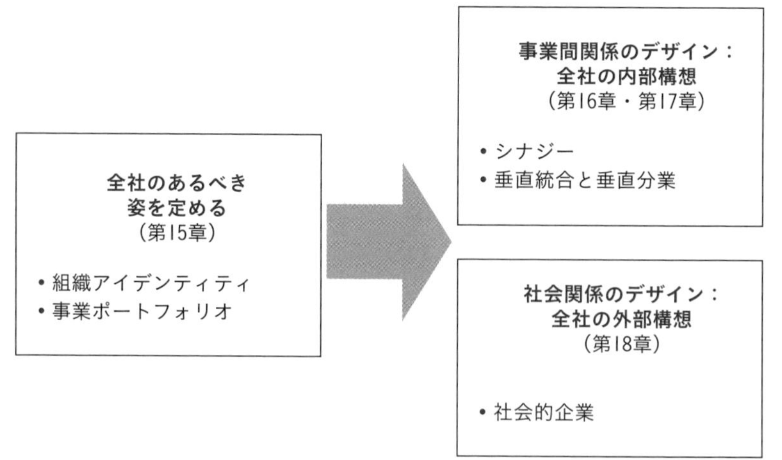

求められます。第16章では，事業間にヨコのつながりを持たせて，1つひとつの事業の競争力を高める「シナジー」の方法について検討します。第17章では，原材料の生産から，製品の生産，そして販売，アフターサービスへと続く川上から川下までの一連の事業の連環のうち，どこまでを自社で取り扱うことが望ましいかという，タテの事業関係を構想する術を議論していきたいと思います。

最後に，第18章では，企業とその外部との関係として，企業の社会とのかかわり合い方について，戦略論の観点から議論をします。1つひとつの事業をどう導くかという事業戦略の中では，ポーターの5要因分析のような，競合や顧客といった直接事業の成否に強く影響する存在とのかかわり合いが中心的な関心ごとでした。しかし，そうした個別事業を離れて，全社という視点で外部をみると，そこに企業がずっと向き合っていくことになる社会という存在がみえてきます。この社会とのよきかかわり合いをデザインして，全社戦略は完成するのです。

以上のような全体像を頭に描きながら，ここから先の全社戦略の構想方法について，学んでいっていただければ幸いです。

2 企業の活動領域を定める

2.1 企業活動に一貫性を与える「組織アイデンティティの定義」

多角化し，複数の事業を持つに至った企業の経営方針を定めるにあたっては，まずは全社としての「あるべき姿」を定めることから始まります。ここでは，大きく2つのことを考える必要があります。第1は，自分たちは何者であり，どんな事業を手がけるのかという，自分たちの**組織アイデンティティ**の定義です。これは，会社全体を俯瞰し，その活動に一貫性を与える仕事です。第2は，1つひとつの事業を全体の中でどのように位置づけ，どこにどう資源を配分していくのかという，会社の状況により細かく目を配っていく仕事で，こちらは**事業ポートフォリオ管理**と呼ばれます。まずは，組織アイデンティティの定義のほうからみていくことにしましょう。

もし，自社の活動領域がどこからどこまでなのかが設定されず，無秩序にできそうなことを何でも手がけていったとしたら，あなたの会社は企業としてのまとまりを欠き，事業同士の相乗効果を生むどころか，ばらばらの事業の管理に四苦八苦するだけとなります。ですから，複数の事業を手がける経営者が，全社戦略として最初に行うのは，自社がやるべき事業の範囲を定義し，そこに一貫した論理を与えることなのです。少し，練習してみることにしましょう。

Let's think　考えてみよう

東急グループは，渋谷駅・横浜駅などを軸に，鉄道事業のほか，バス事業，不動産事業，百貨店事業，ホテル事業などを行っています。これらの事業を束ねる的確な「自分たちは何者なのか」の定義をしてみてください。

鉄道事業を中心に考えると，バス事業は「人を運ぶ」という意味では共通点があります。たとえば通学に利用する場合を考えると，駅まで運んだ利用者をそのままバスに乗せて運ぶことができます。また，百貨店やホテルの事業を考えると，駅から近い場所に立地させることで顧客にとっても便利になり，駅で降りた人に利用してもらいやすくなります。このように，東急グループは，自社が運営する鉄道の沿線に住む人たちに対して，「まち」を提供していると考えられるのです。実際，東急グループは「鉄道事業を基盤としたまちづくり，美しい生活環境の提供をする会社」と，自社を定義しています。

2.2 組織アイデンティティはどう設定されるべきか

企業自身が自分たちをどのように定義しているのかを，組織アイデンティティといいます。いま，経営者目線で取り組んでみたワークは，まさしくこの組織アイデンティティの設定です。何が自分たち「らしい」活動で，何が自分たち「らしくない」のかに，明確な基準を与えてやることで，自社が取り組むべき事業活動の範囲が定まってくるのです。

組織アイデンティティは，会社が成長しようとしているとき，どのように成長すべきかを決める大きな指針になります。また，会社が停滞・衰退期を迎えたときにも，どのように事業を絞り込んでいくかや，次にどのように転換するかを考えるうえで重要な役割を果たします。アメリカの著名な経営学者，セオドア・レビットは，アメリカの鉄道企業が弱体化してしまった理由を，自分たちは「鉄道を運行する事業を営む会社だ」と定義してしまったからだと説明しました。そしてもし，アメリカの鉄道企業が「自分たちは物と人を運ぶ仕事をしているのだ」と事業を定義していたなら，鉄道だけに縛られることなく，他業種にも進出して複合物流企業になれていたであろうと述べています（レビット［2007］)。自己をどう定義するかが，会社の未来を決めるのです。

このようにみてくれば，組織アイデンティティを的確に定めることが，全社戦略の軸となることがわかるでしょう。その際に重要なこととして，中心性，独自性，連続性の３点が指摘されています（佐藤［2018］)。こうした要件を備えていれば，組織メンバーを強い求心力で引きつけ，自社が抱える多数の事業に一貫した軸を与えながら，ともに未来に進んでいけるでしょう。

- 中心性：何が自分たちの事業の中核的価値なのかが明確となっている。
- 独自性：他者との違いが説明できる。
- 連続性：過去との，そして未来へのつながりが理解できる。

以上の点を踏まえて，先ほども取り上げた会社の事例も振り返りながら，改めて組織アイデンティティの設定のエクササイズに取り組んでみてもらいたいと思います。

Exercise　練習しよう

以下の企業の組織アイデンティティ設定に取り組んでみてください。

- **オリンパスは，光学技術を軸に多角化している企業です。胃カメラ（内視鏡）で圧倒的な世界シェアを持つほか，生物顕微鏡など産業用の顕微鏡や，消費者向けにはデジタルカメラなどを手がけてもいます。**
- **資生堂は，化粧品で世界的なブランド力を持つ有名な会社ですが，美容室やエステサロンも運営するほか，美容師を育てる専門学校，ヒアルロン酸などの美容・健康向けの医薬品も扱っています。**

ちなみに実際には，オリンパスは，「世界の人々に健康，安心，心の豊かさを届ける企業」と自社を定義しています。それを象徴するキャッチフレーズ，「ココロとカラダ，にんげんのぜんぶ」は，高性能な一眼レフカメラ：人の心を扱う事業と，内視鏡（胃カメラ）：人の体を扱う事業とで世界的な地位を築いている同社の特徴を，よく捉えたものだといえるでしょう。資生堂は「一瞬も　一生も　美しく」を掲げ，ある瞬間の美と，生涯にわたっての美の２軸を両立させていくことを自社の狙いとしています。

なお，組織アイデンティティはひとたび定めれば終わりではなく，時代の変化，自社の変化にあわせて適宜見直される必要があります。今日では，自社を取り巻く状況は目まぐるしく変わっていきますから，古い自己定義が，当てはまらなくなることも，よくあるからです。

3　事業ポートフォリオ管理

3.1　事業ポートフォリオ管理の基本発想

組織アイデンティティの定義は，異なるさまざまな事業を行っている企業に，一貫した方向性を与える作業です。全社戦略を行う際には，これに加えて，個別の事業の状況を把握し，方針を定めていく作業も必要となります。多角化した企業の経営者には，企業全体を俯瞰してどういう方向へと向かっていくのかというマクロな視点と，個別の事業の状況を把握し管理するというミクロな視点の，両方が求められるのです。

たとえば，最初に取り上げたソニーは，「テクノロジー・コンテンツ・サービスへの飽くなき情熱で，ソニーだからできる新たな「感動」の開拓者になる」をヴィジョンに掲げ，人のやらないことをやり，ワクワクさせ続ける会社であろう，挑戦を続けようということを全社の基本方針としています。ただし，これだけではソニーという会社の未来像を描けたとはいえません。個別の事業に対して，どれを重点的に育てるか，どの事業は縮小・撤退するか，新規事業としてどのような分野を伸ばすか……という，1つひとつの事業分野への資源配分計画も必要となるのです。

これを実施するときの基本的な発想が，事業ポートフォリオ管理と呼ばれるものです。ポートフォリオとは，もともとは株式投資の概念で，「どのような株式を，どれくらい持っているのか」という株式の保有状況のことを指します。ポートフォリオ管理とは，この株式の保有バランスを調整し，利益の期待額を増やし，株価変動のリスクをうまく抑え込むための手法です。この発想を，全社戦略に取り入れ，「どのような事業を持っているのか。どの事業を育て，どの事業を捨てるのか」と管理する手法として再編したものが，事業ポートフォリオ管理です。

図表15－3 ▶▶▶ 事業ポートフォリオ管理の基本発想

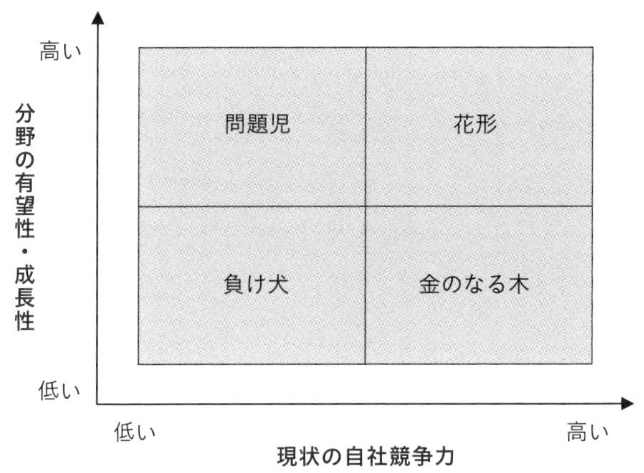

時代によって，事業ポートフォリオ管理は進化を遂げてきていますが，そんななかでも変わらない基本思想は，**図表15－3**のような，「事業分野の今後の有望度」と，「自社の現在の競争力」の2軸で，自社の各事業を評価し，投資先と撤退先の選択にメリハリを持たせることです。これで各事業を4パターンに評価したうえで，それぞれの事業について方針を定めていくわけです（網倉・新宅［2011］）。

基本的に，今後投資していくべき分野は，成長性の高い有望分野ということになります。その中でも，現状で自社が高い競争力を発揮している事業は，まさしく自社の**花形**です。引き続き，この事業に積極投資し，自社の中核事業として育てていく戦略をとるべきでしょう。

同じく有望分野でありながらも，自社がまだ十分な競争力を確立できていない分野は，要注意な**問題児**です。ここに該当する事業こそが，最も経営上の意識を払うべき領域です。しっかり競争力を高めることができたなら，自社の花形事業にすることができますが，育てきれなければ，せっかくの有望分野をみすみす取り逃すことになります。すなわち，最も重点的に資源を投じなければいけない事業が，ここに該当するものとなるわけです。

有望度合いが低い事業は，どう扱うべきでしょうか。自社がそこで高い競争力を発揮できているなら，その事業は自社にとっての収益源，**金のなる木**

と位置づけるべきです。ここで上げた収益を，有望度の高い事業に振り分けていくことで，過去の事業分野から未来の事業分野へと道をつないでいくことになります。

最後に，有望度合いも低ければ，競争力も低い事業領域は**負け犬**と位置づけられます。これから続けていても将来性がないわけですから，早々に撤退するか，あまり投資をしなくてもまだ収益が上がっているなら，追加投資をせずにひたすらそこから利益を取り続ける，という作戦が当てはまることになります。

3.2 事業ポートフォリオ管理の注意点

ただし，機械的に上記4つに判別して，今後重点育成すべき分野を選択すればよいわけではありません。いくつか重要な注意点をお伝えしておきます。

最大の注意点は，上記のポートフォリオ管理は，メリハリの効いた投資判断をするためのもの，つまりは「何を捨てるか」の判断基準であるということです。経営業績が好調ならば，何も捨てる必要なく，すべての事業を育成していく，という戦略もあり得ます。無理やり何かを捨てる必要はないわけです。場合によっては，負け犬と思われていた事業が大化けする可能性もあるかもしれません。

第2のポイントは，あまりにも露骨に「花形」「金のなる木」「問題児」「負け犬」と受け取られるような資源配分をすることが，組織マネジメントとして悪い影響を与える可能性があるということです。「あなたの事業は負け犬だから，頑張らなくて良いよ」と，該当部門の人たちが感じ取ったら，どうなるでしょうか。あなたの狙いが「その事業から利益を取り続けること」にあったとしても，その思いとはうらはらに，自分たちがこれ以上頑張ってもしょうがないと思って，心ある人たちが会社から去ってしまうかもしれません。あからさまに「これがうちの花形」というイメージを持たせてしまうのも同様です。その事業にかかわる人と，そうでない人の間で，軋轢が生じてしまうでしょう。

以上のような点に留意する必要はありますが，事業ポートフォリオ管理の「各事業を，有望度と，競争力の観点から評価し，方針を定める」という発想は，複数の事業を抱えた企業にとっての基本的な思考方法となります。最後の Exercise を通じて，活用の練習をしておきましょう。

3.3 マクロな視点とミクロな視点のバランス

組織アイデンティティ定義と，ポートフォリオ管理は，両方があってはじめて機能するものです。組織アイデンティティとして全体の方向性を定めたとしても，個別の事業への資源配分を決めないことには，狙ったように会社の未来を拓いていくことはできません。逆に，全社として「われわれは何者であるのか，何を目指すのか」ということを決めずに，個別の事業への資源配分をしても，大きな方針のない単なる利益管理になってしまいます。この意味で，全体を見る目（組織アイデンティティ）と，個別を見る目（ポートフォリオ管理）の，両方をバランスよく持つことが，全社戦略の基本となるのです。

Exercise　練習しよう

複数の事業を手がけている会社を自由に1つ選び，

(1) 全社としての組織アイデンティティを自分なりに定めてみてください。

(2) 各事業について，有望度と競争力で評価を行ってみてください。

(3) 組織アイデンティティと，事業ポートフォリオの両方の観点から，どのような事業を今後育てていくべきか，考えてみてください。

▶▶▶さらに学びたい人のために

●沼上幹・一橋MBA戦略ワークショップ［2017］「第6章　ソニーの全社戦略―事業セグメントの変遷から見る戦略の妥当性」『市場戦略の読み解き方　一橋MBA戦略ケースブック Vol.2』東洋経済新報社。

参考文献

●網倉久永・新宅純二郎［2011］『マネジメント・テキスト　経営戦略入門』日本経済新聞出版社。

●佐藤秀典［2018］『組織アイデンティティの機能』有斐閣。

●T. Levitt［1960］Marketing Myopia, *Harvard Business Review*, 38 (July/August), 45-56.（T. レビット「第1章　マーケティング近視眼」T. レビット著, 有賀裕子・DIAMONDハーバード・ビジネス・レビュー編集部訳『T. レビット マーケティング論』ダイヤモンド社, 2007年）

第16章 相乗：シナジー

事業間のうまい組み合わせを見出す

Learning Points

- ▶全社戦略の策定にあたって「水平的な広がり」と「垂直的な広がり」の双方の検討が必要であることを理解しましょう。
- ▶事業の水平的な広がりを考えるときには，コストを下げる組み合わせと，価値を高める組み合わせがあることを理解しましょう。
- ▶コストダウンと価値向上の2種類の組み合わせ方を併用して，どのような事業に展開していくべきかを考えられるようになりましょう。

Key Words

シナジー　範囲の経済　経営資源　補完財

1 事業間の関連性

1.1 事業の広がりの捉え方

複数事業を抱えた企業の内部構造をデザインするときには，大きく2つの軸：水平的な広がりと，垂直的な広がりとで考えることになります（**図表16－1**）。事業の水平的な広がりとは，異なる製品・サービスを提供する事業をいくつ手がけるかであり，事業の垂直的な広がりとは，技術開発から，生産，物流，販売といった，製品・サービスが生み出されて顧客の手元に届くまでの一連の活動のどこまでを手がけるかです。

本章はまず，事業の水平的な広がりをデザインするときの大切な考え方，シナジーについて解説します。

図表 16－1 ▶▶▶ 事業の水平的な広がり

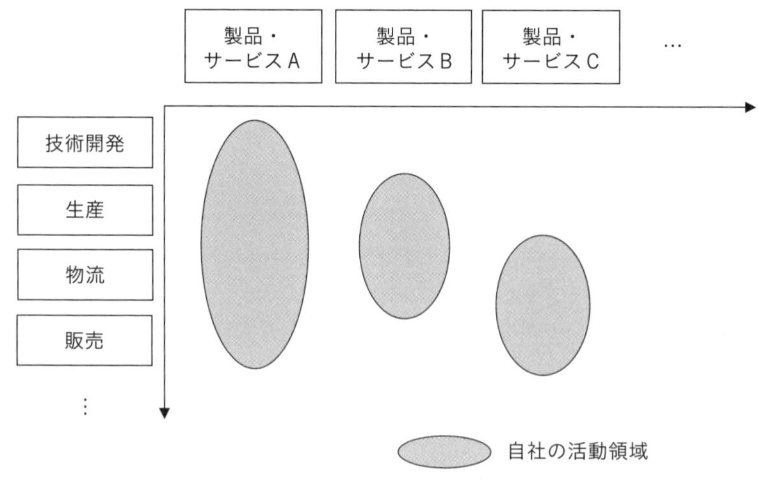

1.2 シナジーから水平的な広がりを考える

企業が新たな事業を手がけるときには，現在の事業と何らかの関連のある分野に進出する傾向があります。しかし現在の事業とは一見するとあまり関係なさそうな分野に進出する例も数多くあります。

たとえばメッセンジャーアプリのLINEは，LINEゲームやLINEミュージックといった新しいコンテンツを提供しています。ユニークな例としては，家電量販店のヤマダ電機が住宅販売も行っているのをご存知でしょうか。ヤマダ電機の狙いは，「家電住まいる館」（スマイルとかけて）という複合型の店舗を作り，そこに来る人が住宅の購入やリフォームにあわせて家電も買いそろえてもらうというところにあります。

ヤマダ電機の例にみられるように，現在の事業と関連のある分野といっても，異なる事業の間には，直感的に思うよりも幅広くつながりを見出すことができるのです。今の事業と何のつながりもない事業を手がける，というのでは，自社固有の強みとなる要素が乏しく，なかなか成功は見込めません。そこで，新たな事業を展開するうえでは，現在の事業との組み合わせの良し悪しを考え，事業間の相乗効果，**シナジー**を生み出すことが重要となるのです。

シナジーとは，特定の事業を組み合わせると，異なる企業がそれぞれの事業を別個に行っている場合と比べて，より大きな成果が得られる，という効果のことです。いわば１＋１が２のみならずそれ以上になる，というような組み合わせの妙です。

シナジーが生まれる事業の組み合わせ方としては，1）コストを下げる組み合わせと，2）価値を高める組み合わせの２つに整理することができます。それぞれについて，順番に見ていきましょう。

2 複数事業を組み合わせてコストを下げる

2.1 範囲の経済

複数の事業を１つの企業で営んだほうが，それぞれ別の企業で営む場合と比べてコストが低くなることがあります。この効果を**範囲の経済**といいます。ある**経営資源**を，以前よりも広い範囲で活用する：複数の事業で使いまわすことで，より効率的にその資源を使えるようになることから，範囲の広さがもたらす経済性，すなわち範囲の経済と呼ぶのです。

１つの具体例として，成田空港と東京を結ぶ格安バス「THE アクセス成田」が挙げられます。この運行サービスは，既存のリムジンバスの３分の１ほどの価格で提供されています。このように安くサービスを提供できる理由は，このバスを運営するビィー・トランセホールディングスが，千葉市と都内を結ぶ通勤バスの事業も営んでいるところにあります。通勤バスとしての運行は，もっぱら朝と夕方に仕事が集中しており，それ以外の時間帯にはバスが空いています。そこで，昼間にバスを使わずに寝かせておくよりは，成田空港路線にも使い回すことで，より効率的に利用できます。こうして，「THE アクセス成田」は，東京と成田空港を結ぶだけのバス会社よりも，低いコストで運営できるようになっているのです。ここにみられる，自社が持っている経営資源を複数の事業間で使いまわすことで節約ができるという関係が，範囲の経済です。

どのような経営資源を共通で利用するかによって，範囲の経済にはさまざまなバリエーションが存在します。

- 空いている設備を有効利用する
  （例：バスを複数路線で共通利用する）
- 人員やその技能を複数の事業で活用する
  （例：マーケティング部門が複数事業のマーケティング案を考える）
- 基本技術を共通利用する
  （例：カメラの技術を，胃カメラ事業とデジカメ事業で活用する）
- 同じ販路を利用する
  （例：家電と家具を同じ店舗で同じ顧客に売る）
- 事業を管理するためのノウハウや仕組みを共通利用する
  （例：全社共通の会計システムを使う）
- ブランド名を複数事業で共通利用する
  （例：同じブランド名のもとで自動車とバイク事業を手がける）

このように，ある資源を複数事業で共通利用することで，コストの節約をする工夫は，実に多様にあるのです。ここで大切なことは，どのような範囲の経済の実現方法があるか，考えをめぐらせてみて，それを全社戦略の中に組み込んでいくことです。ぜひ，どのような範囲の経済が考えられるか，次の問題で練習してみてください。

Let's think　考えてみよう

鉄道事業を営む会社にとって，範囲の経済が働く事業にはどのようなものがあるか，いくつか例を挙げてみてください。そのうえで，それぞれの事業では，鉄道事業との間でどのような範囲の経済が働いているかを考えてください。

いくつか例を挙げてみましょう。鉄道のきっぷを販売する窓口を活用すれば，パック旅行や宿泊先，レンタカーなど関連した商品をそこで販売することができます。また，鉄道会社は都市部の中心に駅という設備を持っているわけですから，その土地や建物を利用して駅ナカのレストランや小売店を運営すれば，非常に効率的に営業することができるでしょう。鉄道運行のための高度な情報システムを構築するIT人材や技術力があれば，それを活用してITシステム開発会社を営むのもよいかもしれません。

2.2 物質的な経営資源と非物質的な経営資源

範囲の経済の源泉は，経営資源の共通利用です。しかし，よくよくみるとその資源の種類によって，範囲の経済の働き方は少し違っています。

ヒトやモノといった物質的な経営資源の場合は，範囲の経済が発揮できるのは，資源の利用状況に余裕があるときです。先ほどの成田空港行きバスの例のように，その資源がフル活用できていないところが目の付けどころなのです。その持て余している力を，別の事業に活用することで，資源の効率利用が達成されるわけです。

逆にいえば，現在の事業運営のためにフル活用されている経営資源を使いまわすことはできません。鉄道会社が駅ナカを充実させようとしても，駅に十分なスペースが残っていなければ実現できません。現在の事業で人員が目いっぱい働いているなかで，別の事業も手伝ってくれ，ということは避けねばならないのです。物的な経営資源を用いた範囲の経済では，この点を注意する必要があります。

一方，情報や知識，ノウハウ，ブランド，信頼といった非物質的な経営資源が生み出す範囲の経済は少し異なったものです。こうした非物質的な経営資源は，使っても減りません。異なる場所で同時に利用することもできます。物的な制約を離れて，いつでも，いくらでも同時利用できるという性質があるのです。

非物質的資源を同時利用した事業展開の一例として，グーグルの自動運転車が挙げられます。グーグルが進める自動運転車の開発には，地図検索のグーグルマップやグーグルアースでの情報蓄積が活かされています。これまで積み上げた世界各地の詳細な道路，建設物の情報を，自動運転で正しい進路を進むためのデータとして使っているのです。地図検索の事業を持たない企業が独力で自動運転車を開発するのには多大なコストが必要となります。

3 複数事業を組み合わせて価値を高める

3.1 補完財

製品・サービスの中には，他の製品・サービスと同時に利用すると価値が高くなるものがあります。この性質を持つ製品・サービスのことを**補完財**と呼びます。事業のコストを下げるタイプのシナジーの基本理論が範囲の経済ならば，事業の価値を高めるタイプのシナジーの基本理論がこの補完財です。テレビの価値は，録画用のレコーダーがあるとより高くなります。シャープペンシルも，単体で事業を営むよりも替芯の事業が盛んであるほど価値が高くなります。こうした関係にある２事業を同時に営めば，それぞれの事業の価値を大きく高めることができるのです。

ある製品・サービスにとっての補完財は１つとは限らず，非常に多岐にわたることがあります。たとえば，自動車にとっての補完財とは何でしょうか。自動車が走行するために必要なインフラである，ガソリンスタンド，駐車場，道路などがまず考えられます。ドライバーが自動車を購入する前後に不可欠な，自動車ローン，自動車保険，自動車教習所もそうです。さらには，自動車での行き先となる郊外のショッピングモールも，補完財といえるかもしれません。このように補完財を広く捉えると，意外なところに自社の事業との関連性を見出せることがあります。次の例ではどれくらいまで広く考えられるでしょうか。

Let's think　考えてみよう

鉄道にとっての補完財は何でしょうか。できるだけ多く列挙してください。

鉄道の沿線にある住まい，鉄道で現地に着いてからの移動手段となるバスやタクシー，鉄道で行ってみたいと思わせる観光スポット，高級百貨店などの商業施設，娯楽施設，宿泊施設など，いろいろな例を考えることができるでしょう。どれも，鉄道とお互いに価値を高め合う関係にあるものです。

3.2 ハードウェアとソフトウェア

近年のビジネスの中で，補完財としての関係が最も典型的にみられるのが，ハードウェアとソフトウェアの関係でしょう。ゲームのハードとソフトを考えてみてください。任天堂の「ニンテンドースイッチ」もソニーの「プレイステーション4」も，ハードだけ，ソフトだけで遊ぶことはできません。ユーザーにとっては両方をそろえてはじめて価値が生まれるのです。他にも，スマートフォンの価値は，画面のきれいさやカメラ性能，軽さといったハードウェアとしての性能の良さだけで決まるわけではありません。ダウンロードできる多彩なアプリの魅力が，スマートフォンの価値を左右しているのです。

ハードとソフトの組み合わせで価値が生まれる場合，企業間の競争に勝つためには，ハードの価格・性能はもちろん重要ですが，それだけでは優劣は決まりません。補完財となるソフトの質が高く，品ぞろえも多いほうが有利なのです。そのため，任天堂もソニーも，人気ソフトを自社で開発すると同時に，有力なソフトを作ることができるメーカーに自社ハードだけにソフトを提供してもらうよう働きかけています。

3.3 補完財を組み合わせたビジネス

ハードウェアとソフトウェアのように，複数の製品・サービスが組み合わさってはじめて価値が生まれる事業には特有の性質があります。第1に，顧客を囲い込むことができます。補完関係にある複数の製品・サービスが決まった組み合わせではじめて価値があるのだとすると，部分的に他社の製品・サービスを利用するということはできません。マリオのソフトで遊びたければ，任天堂のハードを買うしかないわけです。

第二に，製品・サービスの利用者が増えると，補完財の供給も増え，もとの製品・サービスの価値がさらに高くなる，という性質があります。任天堂のハードを買う人が多ければ，それだけ任天堂向けにソフトを提供しようとするメーカーも増え，ますます任天堂のハードの魅力は増します。そうすると，任天堂のハードを買う人が増え，そこにソフトを提供しようというメーカーはさらに多くなるでしょう。この好循環によって強力な優位性が築かれるのです。

ここで大切なことは，このように補完財が組み合わさってはじめて価値が生まれる製品・サービスの場合，単に優れたものが勝つ，というわけではないことです。補完財の効果を考えると，先に多くの利用者を獲得できたほうが一人勝ちする，という傾向があるのです。そのため，いかに早く十分な数の顧客を獲得するかが競争に勝つ重要なカギとなります。ゲーム業界の場合だと，有力なソフトメーカーへ有利な条件を提示したり，赤字になるほどの価格まで下げてでもハードの販売数をまず増やす，という戦略がよくとられます。

4　2つの視点を併用する

コストの低下につながる事業の組み合わせと，価値の向上につながる事業の組み合わせは，同じではありません。範囲の経済は自社の経営資源を共通利用することで発生するものであることを思い出してください。補完財に対して，自社の経営資源が共通利用できるとは限りません。たとえば，自動車にとっての自動車ローンは補完財であるのと同時に，自動車を売る販売店で

図表16－2 ▶▶▶ コストを下げる組み合わせと価値を高める組み合わせの違い

	コストを下げる事業の組み合わせ	価値を高める事業の組み合わせ
基本となる理論	範囲の経済	補完財
自社にメリットが生まれる源泉	複数事業の間で経営資源を共通利用する	複数の製品・サービスを同時に利用すると価値が高まる
視点の置き方	会社側の視点	顧客側の視点

一緒に取り扱うことによって範囲の経済も働きます。事実，トヨタ自動車は自動車ローンを手がけています。しかし，道路やショッピングモールが自動車にとっての補完財であるとしても，トヨタが道路を建設したりショッピングモールを運営したりすることには範囲の経済が期待できません。

図表16－2にまとめたように，コストを下げる事業の組み合わせを模索することは，自社からみて，今持っている経営資源をどの製品・サービスに活かせそうか，を考えるということです。それに対して価値を高める事業の組み合わせを模索するには，顧客からみて，どのような製品・サービスがそろっていると価値があるか，を考えることになります。両者は実は正反対のアプローチをとっているのです。補完財を自社で手がけたとしても，そこに範囲の経済が働くとは限りません。逆に補完財の関係になくとも，範囲の経

Column 過大評価されがちなシナジー

「シナジー」は，企業が多角化したり，他社の買収を行ったりするときの理由づけとして非常によく使われる言葉です。ニュース記事検索で，買収，シナジー，と検索語を入れると多くの関連記事を見つけることができるでしょう。

ところが多くの場合，期待されるほどのシナジーが生まれない，ということも知られています。企業の価値を株価で測った場合，複数の事業を営む多角化企業の価値が，それぞれの事業を別個の企業で営んだときの合計の価値よりも小さくなってしまいがちだといわれ，これをコングロマリット・ディスカウントと呼びます。複数事業を持つことで，シナジーどころか負の効果がしばしば生じているのです。

シナジーとは，企業が複数事業を持っていることで自然発生するメリットでは決してありません。どのようにしてメリットが生じるかを具体的に認識し，手間をかけて部門間の調整を周到に行うことで，ようやく生み出せるものなのです。

済が生じる組み合わせもあります。したがって，新たに展開する事業の筋の良し悪しを判断するとき，現在の事業との組み合わせの良さを手がかりとするなら，2つの視点から考えてみてください。

Exercise 練習しよう

ここまでに，鉄道会社にとって範囲の経済が生まれる事業，補完財となる事業を考えてもらいました。それを振り返りながら，どの程度のシナジーが生まれそうかを評価してみましょう。

1. **ここまでに挙げた事業はそれぞれ，鉄道事業との間で，コストを下げる組み合わせになっているか，価値を高める組み合わせになっているかを整理してください。**
2. **それぞれの事業のシナジーの大きさを評価し，鉄道会社にとって手がけるメリットが大きいかどうか，判定してください。**

ここまでに考えた事業の例	コストを下げる組み合わせか？	価値を高める組み合わせか？	鉄道とのシナジーは大きいか，鉄道会社が手がけるメリットは大きいか？
① ② ③ ④ ⑤			

▶▶▶さらに学びたい人のために

- 根来龍之［2017］『プラットフォームの教科書―超速成長ネットワーク効果の基本と応用』日経BP社。
- 山田英夫［2008］『デファクト・スタンダードの競争戦略』白桃書房。

参考文献

- I. H. Ansoff［1965］*Corporate Strategy: An Analytic Approach to Business Policy for Growth and Expansion*, NY McGraw-Hill.（広田寿亮訳『企業戦略論』産業能率短期大学出版部，1985年）
- 伊丹敬之［2012］『経営戦略の論理（第4版）―ダイナミック適合と不均衡ダイナミズム』日本経済新聞出版社。

第17章

範囲：バウンダリー

どこまで自社で手がけるかを選択する

Learning Points

- ▶垂直統合と垂直分業について基本的な理解を得ましょう。
- ▶垂直統合と垂直分業それぞれのメリットが生まれるメカニズムを把握しましょう。
- ▶垂直統合と垂直分業を活用するための条件について理解しましょう。

Key Words

垂直統合　組織による調整　垂直分業　市場による調整　取引費用

1　垂直的な広がりのどこまでを手がけるか

前章でみてきたシナジーでは，事業の水平的な広がりのなかで，事業間にどのようなつながりを作ればメリットが生まれるかを考えました。この章では，製品・サービスを生み出してから消費者に届けるまでの一連の活動：事業の垂直的な広がりのなかで，どこまでを自社で手がけるかを考えます。

自社の垂直的な広がりは，**垂直統合**と**垂直分業**という２つのアプローチを用いてデザインしていきます。垂直統合とは，自社で素材・部品から完成品まで一貫して作るとか，自社で作ったものを自社の店で売るというように，事業の垂直的な広がりの複数段階を統合して事業を行うことです。これに対して垂直分業とは，製品を作るだけとか，あるいは製品の販売だけをするというように，自社の事業範囲を絞ることをいいます。それぞれが具体的にどのようなものか，また，それぞれのメリットは何かについて，順番にみていくことにしましょう。

2 垂直統合

2.1 消費者までの複数の段階を統合した事業運営

ある商品を消費者が購入するまでには，その素材・部品の生産から，完成品の組み立て，そしてその販売と，多くの活動が介在します。そんななかで，自社の垂直的な広がりを伸ばす垂直統合は，2パターンに分けられます。消費者に近い方へと事業範囲を広げる川下統合（前方統合）と，消費者から遠い方へ広げる川上統合（後方統合）です（**図表 17－1**）。たとえば，衣料品の製造をしている企業からみれば，繊維の製造へと進出するのは川上統合となり，物流・小売といった活動へと進出するのが川下統合です。

川上統合，川下統合は，それぞれ企業に固有のメリットをもたらします。そのメリットがどのようなものなのか，まずは一度考えてみてください。

図表 17－1 ▶▶▶川下統合と川上統合

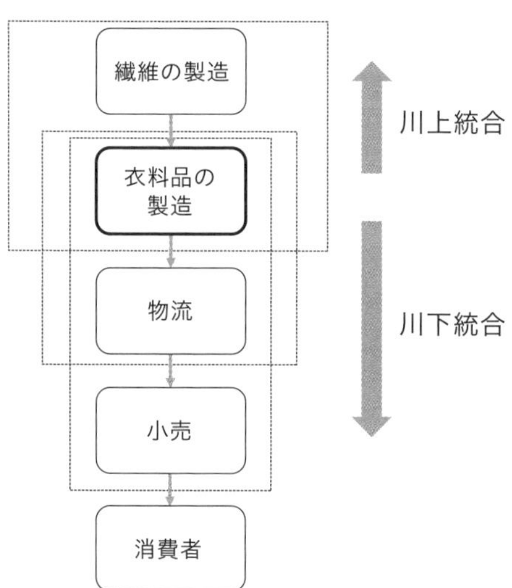

Let's think　考えてみよう

1. **カゴメは，自社のトマトジュースやトマトケチャップの原料となるトマト栽培を川上統合しています。そのメリットには，どのようなことがあるのでしょうか。**
2. **自動車メーカーのトヨタは，自動車の販売店網を川下統合しています。そのメリットには，どのようなことがあるのでしょうか。**

カゴメは，トマトジュースやトマトケチャップに使われるトマトを，自社菜園と自社契約農家で栽培しています。カゴメは毎年，日本全体のトマト消費量の30%にも達する量を供給しています。それほどの量を安定的に確保しようとすると，買い付けはとても大変です。トマトを必要としている他の業者と競合して買い付けなければいけませんから，良い品を先んじて確保するには，他社に先回りして契約をしたり，普通より高めの価格条件を提示したりと，いろいろ工夫をしなければいけません。また，海外などから突然大きなトマトの買い付け業者が現れ，国内のトマトを買い占められてしまったりしたら，操業を続けることが困難になるでしょう。そうした理由から，カゴメは自社で管理して生産することで，安定した数量・品質・コストのトマトを確保しているのです。

世界最大の自動車メーカーの1つ，トヨタが，国内でも先んじて成長できた理由の1つが，自社販売店網を持っていたことであるといわれています。自動車メーカーが自分たちで販売店を管理することができれば，自分たちが売りたい車種を積極的に販売店で押し出していくことができますし，販売情報をいち早く手に入れて，生産を効率的に行うこともできます。自社のブランドイメージを育てていくうえでも，開発・生産されるクルマと，販売店での接客サービスとを一体で考えていくことで，よりきめ細やかに顧客の体験を作り込んでいくこともできるのです。

2.2 垂直統合のメリット

以上のように，他の会社と比べて，垂直的な方向により広い範囲の事業を手がけることは，固有のメリットをもたらします。川上統合の場合は，材料や部品の調達を安定化させ，必要なものを，必要なだけ，価格の高騰を抑えて手に入れることができるようになります。川下統合の場合は，作った製品の販売方法を細かく指定したり，販売動向や消費者ニーズといった情報をいち早く獲得したりして，効率的な生産・販売の連携をすることができるのです。

垂直統合のメリットは，川上統合にせよ，川下統合にせよ，部門間で密接に連携をとって，コストや品質，納入時期の最適化を図れることにあります。材料生産，製品生産，製品販売などの事業活動を1社の中だけで管理できれば，よりスムーズに，お互いが必要としているものや情報を受け渡しながら事業活動ができるのです。また，生産や販売など，異なる事業活動に従事している人であっても，同じ会社の中で，経営理念や目標，戦略，文化などを共有できますから，皆で意思統一し，1つのチームとしてまとまって行動できるようにもなります。こうした，1つの会社組織内で，異なる部門の人たちが情報のやりとりや意思統一によって相互調整ができる垂直統合の特徴のことを，**組織による調整メカニズム**が働いているといいます。

3 垂直分業

3.1 消費者までの複数の段階のどれかに集中した事業運営

素材・部品や完成品の製造を自社で行わず，開発や販売といった活動に絞り込むことで成功した企業もあります。典型的な成功例がアップルです。アップルはiPhoneを製造する工場を持っているわけではありません。アップルは自社でiPhoneの設計までを行い，その生産は台湾の鴻海(ホンハイ)精密工業

（以下，鴻海）という企業に外注しているのです。スマートフォンの生産工場を自社で作ろうと思ったら，数千億円の予算と，数万人の従業員を雇用して，工場を建てなければなりません。アップルは，生産工場を作らず，その分のお金を技術開発やマーケティングに使って，すぐれた性能とブランド価値を構築して成功したのです。

逆に，鴻海のほうは，生産だけに特化した企業の代表例です。同社は自社ブランドの製品はほとんど持っていない代わりに，スマートフォンやパソコン，ゲーム機など，世界中のメーカーから製造を請け負い，その売上高は生産を委託しているソニーなどの企業よりもはるかに大きいものとなっています。アップルとは逆に，こちらは生産にだけ資源を集中することで，生産の技術や，コスト競争力において世界で突出した地位を築いています。

また，素材・部品だけに絞り込むという戦略をとる企業もあります。「Core i7」といったパソコンの頭脳にあたる部品を製造するインテルがその代表例です。インテルはパソコンを製造してはおらず，その重要部品となるプロセッサの開発・製造に特化しています。パソコン用プロセッサでは世界シェア8割ほどの圧倒的な競争力を持つメーカーです。

このように，開発だけ，製造だけ，あるいは製造の中でも完成品だけ，素材・部品だけに絞り込む，というのが垂直分業です。川上から川下までの事業のタテ（垂直方向）の流れの中で，得意分野ごとに分担するので，垂直分業というのです。

3.2 垂直分業のメリット

垂直分業によって事業を運営すると，垂直統合している場合とは違い，自社で管理できる範囲は狭くなります。その代わりに，資源をそこに集中させて，その狭い領域で競争力を得やすくなります。さまざまな事業活動に分散して資金や人材を投じるよりも，そのすべてを1つの事業活動に投じたほうが，その活動についてみれば，よりよく育つわけです。これが垂直分業の第1のメリットです。

垂直分業の第2のメリットは，市場を介して，さまざまな企業と取引ができるようになることです。自社で部品・材料を生産した場合には，自社でその生産量や品質・コストを管理し，完成品部門と連携をとって，良いものを生み出します。これに対し，市場を介して，取引先から部品・材料を調達する場合には，市場競争を通じて，安い価格，良い品質，ほしい量の品物を買い付けることになるのです。自社の部品・材料部門から供給してもらう場合には，その部門からしか調達できませんが，市場を通じてであれば，さまざまな取引先を比較・選択することが可能になることもメリットです。

こうした特徴をとらえて，垂直分業のメリットは，市場競争を通じて多様な取引相手から，よいコストや品質で品物を得るという，**市場による調整メカニズム**が働くことにあるといいます。

この市場による調整メカニズムを考慮すれば，垂直統合して何でも自社で管理する，というのが必ずしも良いこととは限らないことがわかると思います。外部の取引先は，自社以外の多様な会社と取引をするので，その分，専門業者としての能力を高める機会に恵まれます。多数の会社との取引で売上を稼ぐことで，技術力を高めたり，コストダウンを進めたりもできるでしょう。また，多数の顧客の要望にこたえるために，独自の物流・販売システムを構築していたりもするかもしれません。市場を通じて取引するならば，そうした専門業者ゆえの競争力を活用することができるのです。

以上のように，垂直統合と垂直分業には，それぞれにメリットがあります。どちらが適しているのかは，まさしくその企業が狙っている戦略によって変わってきます。次の課題にチャレンジし，狙いとする戦略と，垂直統合・垂直分業の選択との関わり合いを考えてみてもらいたいと思います。

Let's think　考えてみよう

ユニクロとしまむらは，衣料品の売上高では日本の1位と2位にあたる大手企業ですが，両社のビジネスモデルは異なっています。大きく違うのは，両社の事業の垂直的な広がりです。

いま，衣料品が消費者に届くまでの流れを，下図のように，衣料品の企画・製造と，小売であるとします（現実にはもっと多くの段階に分かれているのですが，ここでは 2 段階に簡略化して考えましょう）。

ユニクロは，自社で企画した衣料品を，自社の協力工場に生産してもらい，それを自社店舗で販売するという，垂直統合をしています。一方，しまむらは，外部のさまざまなメーカーが企画・製造した衣料品を買い付けて，自社店舗で販売するという垂直分業をしています。

衣料品が消費者に届くまでの流れ

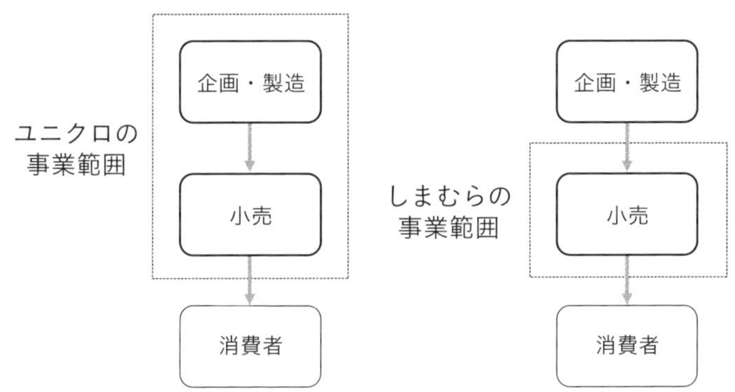

1. **ユニクロは，なぜ垂直統合を行っているのでしょうか？　同社が戦略として何を狙っているのかを考えながら，垂直統合の理由を考えてください。**
2. **しまむらは，なぜ垂直分業をするのでしょうか？　同様に，しまむらの戦略を考えながら，垂直分業を採用する理由を考えてください。**

ユニクロが小売だけでなく企画・製造までを行っている理由は，品質や性能で差別化するためと，自社での大量生産によるコストダウンを図るためです。これは，同社の「誰もが着られるような，高品質のベーシックカジュアルを提供する」という戦略に結びついています。多くの人に，長く使ってもらえる標準的なデザインの服を，という同社の考えを反映して，それを実現するために内部で品質やコストを厳密に管理して生産するという，垂直統合を採用しているのです。

しまむらが小売だけに集中し，衣料品はメーカーや問屋から調達するやり方をしているのは，非常に多様な種類の服をとりそろえること，安く発注し店頭での販売力で売り切ることに注力することが狙いです。この背景にあるのは，「トレンド・ファッション性の高い豊富な種類の服を安く提供する」というしまむらの戦略でしょう。旬なファッションをいち早く取り入れながら，毎週のように新しい商品を販売していくうえでは，多様な生産業者が揃っている市場から買い付けてくるほうが効率的なのです。

ユニクロは垂直統合によって，しまむらは垂直分業によって，それぞれに優れたビジネスを実現しています。大事なことは，垂直統合と垂直分業のどちらが正しいというのではなく，どのような事業にしたいかという目標やコンセプトが先にあって，垂直統合・垂直分業はそれと密接に結びついた意思決定だということです。

4 垂直統合・垂直分業を活用するための条件

垂直統合と垂直分業を使い分けるうえでは，留意しなければならないことがあります。場合によっては，垂直統合のメリットがあまり発揮できなかったり，その逆に垂直分業のメリットが発揮されなかったりすることがあるのです。皆さんには最後にその垂直統合・垂直分業を活かせる条件を学んでもらいましょう。

垂直統合を活用するための条件と，垂直分業を活用するための条件を対比して整理したのが**図表17－2**です。自社がある事業を垂直統合するか，あ

図表17－2 ▶▶▶ 垂直分業・垂直統合をそれぞれ活用するための条件

(1)よい外部委託先はあるか？	ある	ない
(2)垂直統合すれば差別化できるか？	できない	できる
(3)取引費用は大きいか？	小さい	大きい
	↓ 垂直分業	↓ 垂直統合

るいは垂直分業で運営するかは，「よい外部委託先はあるか」「垂直統合すれば差別化できるか」「取引費用は大きいか」の３つを考慮して選択することになります。それぞれについて詳しくみていきましょう。

4.1 よい外部委託先はあるか

まず，ある事業を垂直分業するためには，十分な数と質の外部の業者がいることが必要になります。外部委託をしようにも，その事業を手がける企業がほとんどおらず，取引のしようもなければ，垂直統合して自社内部で運営することを選択しなくてはなりません。

たとえば，カレールーは，企業が外部業者から大規模に調達することが困難な食材の１つです。スパイスを海外から調達してカレールーへと調合することができる企業は，日本ではハウス食品などごく少数に限られています。そうした食品会社は，生産したカレールーを自社製品として消費者や中小の外食業者に販売しています。ですが，「カレーハウス CoCo 壱番屋」のような，大規模に展開するカレーレストランチェーンが，毎日必要としている量を満たすようなカレールーの販売はしていませんでした。

そのため「カレーハウス CoCo 壱番屋」を展開する企業である壱番屋は，創業から一貫してハウス食品と密接な取引関係を持ち，2015 年にはハウス食品に買収されました。壱番屋がカレールーを外部から調達しようにも，同社の必要量を満たすような外部販売業者はおらず，市場による調整メカニズムのメリットを得られなかったのです。それに比べ，カレールーを供給できるハウス食品の傘下に入り，組織による調整メカニズムを活用したほうが，お互いに合理的だと判断したのです。

これに対して，液晶テレビだと，素材・部品を生産する企業も，テレビを組み立てる企業も，テレビを販売する量販店も，すでに世界各地に多数存在しています。このように良い外部委託先が簡単に見つかる状況であれば，垂直統合から生じるメリットは乏しくなります。アメリカのビジオという企業は，アメリカで液晶テレビの販売シェア１位となったこともある企業ですが，テレビの素材・部品の生産もテレビの組立も自社では行っていません。それらは台湾の企業に外注して，自社ではマーケティングに特化しているのです。ビジオの従業員数は100名にも満たない少なさです。外部委託が簡単にできるなら，このように垂直分業を徹底することで競争力を持つことが可能となるのです。

4.2 垂直統合すれば差別化できるか

垂直統合することが他社とを差別化につながるかどうかは，垂直統合・垂直分業のどちらが適するかを判断する第2の条件となります。一般に，垂直統合しているほうが，垂直分業よりも広範な活動を持っていることから，それらをつなぎ合わせることで製品やサービスの質を高めたり，新しい事業のアイデアを生み出したりしやすくなります。そうした差別化された製品・サービスを生み出せる可能性が高いほど，垂直統合は活かしやすくなります。

たとえば北海道を中心にコンビニエンスストアを展開するセイコーマートは，店内調理によってできたての弁当を販売したり，非常に多品種の惣菜を店頭に陳列したりするなど，他の大手コンビニではみられないような独自のサービスに定評があります。これは，自社で調達・製造・物流・販売までをきめ細かく管理することによって実現されています。セイコーマートは道内に自社の農場や食品工場を持ち，物流も自社で手がけ，店舗の7割は直営店です。これらの垂直統合した各種活動を活かして，店舗に独自性を出しているのです。その結果，セイコーマートは，北海道ではコンビニ店舗数シェア1位と，セブンイレブンなどの大手コンビニをも寄せ付けない競争力を持っています。

タイヤメーカーのブリヂストンは，タイヤの素材となる天然ゴムの農園運営まで行っています。それは，天然ゴムの品種改良と徹底した生産管理が，よいタイヤを作るために有効だからです。このように，垂直統合することで他社にはできない価値が実現できるかどうかが，垂直統合を活かせるかどうかの大きなポイントなのです。

逆に，さまざまな活動を自社の内部で行ったとしても，それが製品やサービスの競争力アップにつながらないならば，垂直分業によって事業運営するのが望ましいということになります。衣料品メーカーは，繊維まで自社で開発，生産したとしても，なかなか差別化された服を生み出すことにはつながりません。一部の高機能な服を除けば，繊維は自社で作ることなく，繊維メーカーから調達するほうが合理的なのです。

4.3 取引費用は大きいか

組織内での調整には広い意味でのコストがかかります。関係者を集めて会議を開き，計画を立て，実行を監督する必要があります。垂直統合のメリットである事業部門間での密接な連携を達成するためには，こうしたコストを払わないといけません。

これに比べると，垂直分業による市場取引は，一見すると他の企業と交渉して調達してくるだけなので，コストはそれほどかからないようにもみえます。しかしながら，実際にはみえにくいコストがかかっているのです。そのコストが大きくなるほど，垂直統合で事業運営する方が効率的となります。

取引に伴うコストとは，1）取引相手がこちらをだましたり，2）取引相手がこちらの足元をみた交渉をしたりすることでこうむる損害です。これらは，総称して**取引費用**と呼ばれます。本来であればもっと良い条件で取引できていたところを，悪い条件で取引をしなければならなくなったことで，その条件の差が見えないコストとして発生しているわけです。1個当たり100円で売れるところが，だまされたり足元をみられたりして，1個当たり80円で売ることとなったら，1個につき20円もコストを払っていることになるのです。

取引相手がだます行動をすることを，機会主義といいます。市場を介して取引をするとき，自社からは，取引相手が実際にどのくらい生産コストがかかっているのかや，品質がどれほど優れているかをみることはできません。たとえば，ネットオークションで物品を買うときを考えてみましょう。相手にはその品物の詳しい内情はわかっているものの，自分にはそれがわかりません。相手がそこにつけ込んで価格を釣り上げたり，品質をごまかしたりするかもしれないのです。

他方，相手が足元をみた交渉をしてくるのは，こちらが相手の言いなりにならねばならないようなことを握られているときです。たとえば，自社がある部品を顧客に納入するとしましょう。このとき，顧客との連携を円滑にするために，善意から相手のすぐ近くに，専用の設備を導入した工場を建設したとしましょう。しかし，あなたはこのとき，顧客に弱みを握られてしまうことになるのです。

その工場は，顧客に部品を納品するには効率的ですが，他の相手に納品するには不都合です。その顧客のためだけの立地と設備で運営しているからです。ですから，自社としては，その顧客のためだけにその工場を操業しなければならなくなります。顧客はそこにつけ込んで，価格や生産量などで厳しい要求を突きつけてくるかもしれないわけです。

相手にだまされたり，足元をみられたりして，市場取引で不利益をこうむる：取引費用が発生するときには，垂直分業は望ましくありません。このときには，自社で垂直統合を行い，取引費用を回避したほうがよいということになります。

4.4 自社が達成したい目標に合わせた垂直的な広がりの選択

垂直統合・垂直分業を活かせる条件として，よい外部委託先はあるか，垂直統合すれば差別化できるか，取引費用は大きいか，という3つをここまで見てきました。自分の会社がある事業を垂直統合するか，あるいは他社に任せて垂直分業するかは，これらを判断基準として目配りしながら決定する必要があります。

事業の垂直的な広がりをどこまでにするかは，自社の競争力を左右する重要な決定です。その決定のためには，達成したい目標やコンセプトに合わせて，複数ある条件のどれを重視したらいいのかを見比べながら考えてみてください。

Exercise　練習しよう

いま，あなたが地域で十数店舗ほどを構えるカフェチェーンのオーナーだとしましょう。あなたの大学のある町に，新しくカフェを出店する計画を立てるつもりで考えてください。

1.　カフェのコンセプトとしては，どのようなものが望ましいと考えますか？

2.　次の 3 点について，どちらを選びますか？　選ぶ根拠も考えてみてください。

①　コーヒーは，業者から仕入れた豆を業者から買ったマシンで淹れればよいか，自社契約農家から仕入れた特注の豆をハンドドリップで淹れるのがよいか。

②　サンドイッチやケーキといったフードメニューは外部の業者から仕入れたものを販売するか，自家製にするか。

③　店員は基本的にアルバイト中心とするのがよいか，訓練を受けた自社の社員を配置するか。

3.　他に，あなたのカフェのコンセプトを実現するため特に垂直統合しておきたいもの，垂直分業したいものはありますか？

▶▶▶さらに学びたい人のために

●網倉久永・三輪剛也［2015］「ジェイアイエヌ：眼鏡業界における SPA 事業モデル」『一橋ビジネスレビュー』東洋経済新報社。

●月泉博［2009］『ユニクロ vs しまむら』日本経済新聞出版社。

参考文献

●今井賢一・伊丹敬之・小池和男［1982］『内部組織の経済学』東洋経済新報社。

●O. E. Williamson［1975］*Markets and Hierarchies, Analysis and Antitrust Implications: A Study in the Economics of Internal Organization*, Free Press.（浅沼萬里・岩崎晃訳『市場と企業組織』日本評論社，1980 年）

第18章 社会：ソーシャル

社会からの共感で持続性を生み出す

Learning Points

▶社会との良好な関係を築くため，共感される事業活動を行うことの大切さを理解しましょう。

▶社会性の高い事業活動が，企業に固有の優位性をもたらし得ることを理解しましょう。

▶破綻のないステークホルダー関係をデザインするための具体的手段として，顧客価値連鎖分析を使いこなせるようになりましょう。

Key Words

社会的企業　CSV　共感　顧客価値連鎖分析

1 社会的企業とは

近年，企業戦略の中に積極的に社会課題の解決を取り入れたり，あるいはそれを創業の理念として会社を始めたりする事例が増えてきました。前者は，**社会的企業（ソーシャル・エンタープライズ）**と呼ばれ，後者は**社会的“起業”（ソーシャル・アントレプレナーシップ）**と呼ばれます。本章ではこれらをまとめて，大きなくくりとして社会的企業という表現を用います。社会的企業は，「貧困」「男女共同参画」「障がい者雇用」「高齢化」「教育」「少子化」「地域活性化」「環境・公害」「不公正・不平等の是正」などの多種多様なテーマを掲げ，事業活動の中核に組み込み，それを通じて収益をあげることを狙うのです。

本章では，こうした社会的企業というアプローチをとることが，社会貢献という意味でもちろん有益であるばかりか，実は経営戦略としても合理的な手段となり得ることを説明します。社会的企業がなぜ競争優位を持ちうるのか，またそれをどう戦略に組み込めばよいのかを学ぶことで，あなたの戦略構想はより豊かで充実したものになることでしょう。

2 社会的企業の理論 “共有価値の創造(CSV)”

社会課題の解決を目指した事業活動を，自社の競争力につなげる。これを説明する理論として，「**共有価値の創造**（CSV: Creating Shared Value）」という考え方があります。CSVとは「自社を取り巻くさまざまな利害関係者（ステークホルダー）と，同じ価値観・同じ未来像を共有した事業をすることを通じて，ステークホルダーの支援を得て事業の成功に導く」という考え方です。

企業は，株主，顧客，取引先，地域社会，政府，さらには企業内部を形作る従業員から経営者まで，さまざまなステークホルダーに囲まれており，彼らの同意や支援のもとに成立しています。だとすれば，彼らの支援を最大限引き出せるような戦略を打ち出せれば，その戦略はより成功しやすくなるわけです。

しかしながら，それぞれのステークホルダーがその企業に求めるものは異なっています。株主であればまず企業には利益を上げてもらいたいでしょうし，顧客はより良いものをより安く提供してもらいたいはずです。政府や地方自治体は多くの税金を納めてもらいたいと願うでしょう。取引先はお互いにメリットのある取引関係の継続を望むでしょうし，地域社会はその会社が地域にあることで，雇用や社会の安定が図られることを願います。従業員は気持ちよく意欲的に仕事ができ，それを通じて高い給料を得ることを望むでしょう。そしてまた，経営者とて同様に，大切なステークホルダーなのです。経営者も，会社にかかわる一員として，他の多くのステークホルダーの願いをかなえつつ，自分の希望や理想の実現を目指してもよいのです。

企業経営においては，これらのステークホルダーの利害を調整していくことが求められます。それを実現するための有効な方策の1つが，皆が共有できるヴィジョンや未来像を掲げて，その下で思いを１つにまとめ，自社の経営に対しての理解と賛同を得ること＝共有できる価値を創造すること，なのです。社会課題の解決をうたう社会的企業は，この点において，単に利益だけを追求しようとする経営よりも経営がしやすいと考えられています。一般に，共有価値の創造によって得られる経営戦略上のメリットとしては，以下のことが指摘されています。

2.1 外部からの支援の獲得

社会性の高い事業を行おうとすると，自治体が支援をしてくれたり，顧客が商品を優先的に買いたいと思ってくれたりするようになる可能性があります。また，善意の寄付者が現れたり，メディアが取り上げてくれたりといったことが起こるかもしれません。自社の事業に賛同する支援者が増えるわけです。

2.2 従業員の意識改革，モチベーション向上

社会性の高い取り組みをする会社であることには，そこで働く人々を動機づける効果もあります。自分たちの行いが倫理的に正しいということは，事業活動をしていくうえで大きな精神的支えになります。また上記のような支援者の輪に囲まれることも，従業員が自分たちの取り組みに前向きになれる要因の１つとなります。

2.3 企業の独自性が高まり，他社にはない強みとなる

取り組むべき社会課題は千差万別ですし，それへのアプローチも会社によってさまざまです。ですから，何らかの社会的な事柄に取り組むと，自社の独自性が高まり，他社との明確な違いになります。その違いを磨き，自社に固有のPRポイントにしたり，従業員固有の技能形成に活かしたりするこ

とができれば，他社にはない強みになるのです。

2.4 破綻のない，持続的なビジネスモデルになる

企業活動が行われるなかで，誰かに重大なデメリットが生じている場合，それが該当企業にとっての深刻な課題となる場合があります。環境破壊や公害を起こしたり，不利益を被る人々がいたりする場合，訴訟を受けたり，不買運動につながったり，デモなどの反発を招いたり，時には国から罰則や指導を受けるかもしれません。さまざまなステークホルダーと手を取り合って，不平不満が生じないようなマネジメントができていれば，その企業は永らく持続していけることとなるのです。

このようにみると，社会課題の解決を事業戦略の中に組み込むことは，企業の戦略をより充実したものにし，支援者や独自性を増やすことでその実行を推進しうる，たいへん有効な手段であるといえるでしょう。

なお，CSVはもともと企業として行うボランティア活動などの本業とは無関係なところで行われる社会奉仕活動，いわゆるCSR（Corporate Social Responsibility：企業の社会的責任）への批判から生まれた概念です（ポーター・クラマー［2011］）。CSVの発想が生まれる前から，企業はステークホルダーとの調和をうたって，地域の清掃やエコ活動，子どもの教育や芸術文化振興など，さまざまな奉仕活動：CSRを実施していました。それらも大切な活動ではありますが，これをいくら続けたところで，本業のなかで社会に責任ある行動をしなければ，本当の意味で企業とステークホルダーとの調和は生まれないと批判されるようになったのです。自らが生業とする仕事が，社会と調和的に営まれることで，本当の意味での社会課題解決がなされるのです。

3 事例：日本理化学工業株式会社

3.1 社会貢献が，企業に固有の強みを与えるまで

自社の本業として，社会課題に取り組む姿勢が，どうしてその企業に固有の強みを与えるのか，それを理論として理解してもらったところで，続いて皆さんには，この視座を用いて，事例を分析してみてもらいたいと思います。この会社の経営の中心に，CSV の発想が根づいていることが理解されることと思います。皆さんには，以下の事例を読む中から，日本理化学工業という会社がなぜこれまで事業を続けてこれたのかを考えてみてもらいたいと思います。

日本理化学工業は，日本でチョークの生産を手がけて 80 年以上の歴史を誇る会社です。この会社は，従業員がわずか 80 名程度ですが，広く名前を知られる会社となっています。その理由は，従業員の 4 分の 3 以上が知的障がい者であることにあります。しかも，その半数近くが重度と判定される人たちです。にもかかわらず，チョークの品質や生産性は業界でもトップクラスなのです。

日本理化学工業の障がい者雇用は 1960 年から始まりました。最初のきっかけは成り行きのようなものであったといいますが，あるお寺の住職から受けた言葉に社長が感銘を受け，障がい者雇用を積極化したといいます。そのやりとりは，以下のようなものであったといいます。

「うちの工場では知的障がい者が一生懸命に仕事に取り組んでいます。施設に入って面倒をみてもらえば，今よりずっと楽に暮らせるのに，なぜ彼女たちは毎日工場へ働きに来るのでしょうか」（社長）

「人間の究極の幸せは 4 つあります。1 つ目は，人に愛されること。2 つ目は，人に褒められること。3 つ目は，人の役に立つこと。4 つ目は，人に必要とされること。だから障がい者の方たちは，施設で大事に保護されるより，企業で働きたいと考えるのです」（住職）

この言葉を受けて，人の幸せは誰かに必要とされることにあるのだ，と気づいた社長は，経営者として「人に幸せを提供できるのは，福祉施設ではなく企業なのだ」という信念を持ちます。社長や健常者の社員たちが，「働く幸せ」とは何かを知的障がい者から教えてもらっていたことに気づいたのです。また，働く喜びを知ることで，知的障がい者たちが変わっていく姿も，日々，日本理化学工業の中でみられるようになっていったといいます。障がい者雇用が，会社の社風をより前向きなものに変え，従業員と経営者の働くことの意義の理解を促進することになったのです。

社内の改革はいっそう進みます。知的障がい者でも，正確に分量・サイズを測れる道具や，作業時間を短縮できるような段取りの工夫など，事業活動への工夫が行われました。その結果，JIS 規格をクリアした高品質のチョークを，業界トップの生産性水準のもとで生産していけるようになりました。皆が手を取り合って，よいチョークの生産ができるように，改善と工夫が続けられる職場が生まれたのです。

支援の輪は外部にも広がっていきます。騒音問題で工場を移転せねばならなくなったときには，川崎市が積極的に声をかけてくれて，安い価格で土地を貸してくれることになりました。資金繰りについても，三菱銀行（現・三菱 UFJ 銀行）が後押ししてくれました。

さらに，ホワイトボードの普及でチョークのオフィス需要が全国的に減少していくなかでは，川崎市が資金援助を，早稲田大学が技術協力をして，ホワイトボードにも書くことができ，全く粉が飛ばない新商品「キットパス」が生み出されました。

この頃になると，日本理化学工業の取り組みに共鳴した顧客が，積極的に購入してくれるようになります。取り組みはマスメディアや書籍にもよく採り上げられるようになり，「大切にしたい会社」として，人々に支持されるようになりました。こうして同社は，安定的な収益を上げていける，他にない，独自の地位を占める会社となり得たのです（大山［2009］）。

Let's think　考えてみよう

日本理化学工業が事業を継続できている要因，すなわち日本理化学工業に固有の競争力は何かを挙げてください。その強みと，障がい者雇用とは，どのように結びついているでしょうか。

3.2 事例の読み解き

日本理化学工業の事例からは，障がい者雇用という社会性の高い取り組みが，事業継続を支える重要な戦略的効果を生み出していることが示唆されます。いくつかポイントを挙げるなら，1）障がい者雇用によって，お互いを支え合い，仲間を助ける社風が生まれた。2）金融機関，地方自治体，大学やマスメディアなど，自分たちにはできないことをしてくれる有力な支援者が集まった。3）顧客がその事業活動の精神に共感し，製品を積極的に買ってくれるようになった。などが指摘されます。当初，社長は決してそこまでを読み抜いて障がい者雇用を推進したわけではなかったようです。ですが，この会社がこれまで継続的に事業をしてこられたのは，まさしく障がい者雇用を軸に，周りを巻き込んだ独自の事業のかたちがつくられたからです。

4 共感を土台に関係性をデザインする

さて，社会貢献型の事業を営めば，おのずと企業は競争優位を得られる，ということはありません。やみくもに取り組んだだけでは，狙ったような支援が得られないばかりか，事業活動がちぐはぐになってしまう可能性があります。社会貢献を競争力につなげるためには，上手に仕組みを整える必要があるのです。

具体的には，社会貢献を事業の中に組み込みながら，破綻のない仕組みを作るためには，「共感を最大限高めること」と「ステークホルダーの価値連鎖の構築」が鍵となります。

4.1 共感してもらえる努力をする

共感とは，自分たちの取り組みに対し，相手がまるで自分のこととして心から理解をしてもらえている状態です。共感は，他人事ではなく，自分たち自身が当事者として，その活動を手助けしたい，参加したいという感情を呼び起こします。日本理化学工業の場合，障がい者を雇用し続けるという社長の信念に対して，従業員が共感したからこそ会社がその方向で一丸になれたのであり，外部の支援者もその一丸の取り組みに共感したからこそ，他人事には考えず自分たちもその活動の一員として協力を申し出たのです。

CSV の土台は，ステークホルダーが同じ未来像を共有することにあります。その意味で，各ステークホルダーがどのくらい自社に対して共感できているかは，CSV のまさしく中心的論点であり，社会貢献型事業が周囲の支援を得られるかどうかを左右するものです。多くの人が，自分たちの活動に共感してくれている限りは，短期的には利益が出なくとも，皆の支援によってそう簡単には事業の終わりを迎えずに済むわけです（新井［2017］）。

4.2 ステークホルダーの望みをつなぎ合わせる

共感を土台とした事業活動が構築できていたとしても，それで事業のかたちとして完全になるわけではありません。共感されることで，自社のまわりには多くのステークホルダーが集まってくるでしょう。ですが，その集まってきてくれた人たちの持つそれぞれの希望を叶えてあげなければ，不満を感じ，かかわり合いを断ってしまうでしょう。

たとえば，従業員はわかりやすい例かもしれません。高い共感から自社の従業員として働き始めてくれたとしても，共感だけで彼・彼女らが食べていけるわけではありません。彼らにはその働きに見合った給料が払われなければなりません。彼らは，「自分が共感した社会貢献活動に参加をしながら，生活をしていける」ことを期待して，自社に集まってくれているのです。これを叶えることが，経営者の重要な仕事になります。

もう1つ，地域社会の場合を考えてみましょう。あなたの会社が社会的にとても有意義な活動をしていて，地方自治体が税制を優遇してくれたり，土地を安く貸してくれたりしたとしましょう。しかし，これだけではまだ，あなたは相手の共感に甘えて「受け取っている」だけの一方的な関係です。地域社会・地方自治体が，これからもあなたと長い関係を続けていきたいと思ってもらうためには，あなたは地域社会に対して何かをお返ししなければならないでしょう。

話を整理してみましょう。共感とは，善意の感情であり，共感に基づく支援は「相手からあなたへ」受け渡される経営資源です。一方的にもらうだけの関係では，相手が疲弊し，長続きしません。「あなたの側から，相手へ」と，彼らの希望（欲求，Wants）を叶えてあげて，はじめて関係は双方向にバランスのよいものとなるのです。

ですから，経営者としてここで行うべきことは，共感してくれているステークホルダーたちの希望を破綻のないように結び合わせていき，自社を中心に皆の希望が叶えられた状態を作ることです。それができれば，簡単には壊れない強固な事業の仕組みとなるはずです。

4.3 顧客価値連鎖分析

具体的な各ステークホルダーの希望の結びつき構造をデザインする手法として，ここでは顧客価値連鎖分析（Customer Value Chain Analysis：CVCA）を紹介しましょう。これは，自社の事業にかかわるステークホルダー間の関係性を矢印関係で描いていき，皆の希望がきちんと満たされているかを確認し，必要に応じてその関係性を再編してみるための手法です（前野他［2014］）。このように書くと堅苦しいですが，難しく考える必要はありません。要するに，関係者間でのモノやカネ，情報の関係性を描き出し，そこにある感情を表現してみればよいのです（**図表18－1**）。

ボルヴィックの例を用いて，どのように顧客価値連鎖分析が描かれるかを見ていきましょう。ボルヴィックは，ペットボトル入りの飲料水です（販売

図表 18－1 ▶▶▶顧客価値連鎖分析：ボルヴィックの事例

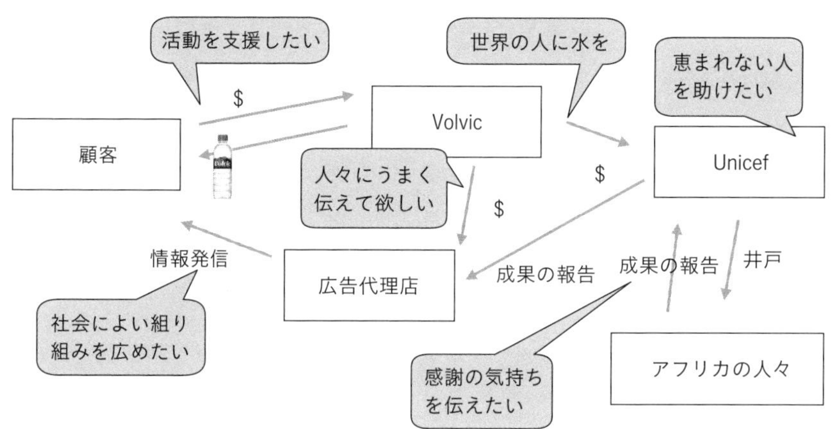

出所：前野他［2014］をもとに筆者作成。

しているのはダノンという会社ですが，ここではわかりやすさのために引き続き「ボルヴィック」と呼びます)。しかし，ボルヴィックが顧客に飲料水を提供し，その対価をもらっている……という図中左上の流れだけをみたのでは，この会社がなぜ世界中の顧客にすすんで購入してもらえているのかを理解することはできません。多少の味の違いこそあれども，飲料水は，ほとんど差別化の余地のない商品だからです。にもかかわらず，消費者がボルヴィックの商品を好んで買うのは，それが社会課題解決につながるということが広く知られているからです。

ボルヴィックは水を販売して得た収益の一部を，社会貢献事業に寄付することを消費者に約束しています。その中でも大きなものは，ユニセフを通じたアフリカへの井戸建設です。このほか，ボルヴィックは欧州の森林再生事業などにも寄付しています。こうした行動は単なる慈善事業なのではなく，むしろボルヴィックの掲げる「世界の人々に信頼できる水を」というヴィジョンを体現する中核的な活動です。そしてボルヴィックはこれを積極的に事業戦略に組み込みます。有力な広告代理店と連携し，「1ℓ for 10ℓ」（1ℓのボルヴィックを買って，アフリカの人々に10ℓの水をとどけよう）というキャッチフレーズに乗せて，この活動を世界的に発信し，強い共感を呼んだのです。

ボルヴィックのメイン事業は，確かに図の左上部分，飲料水を顧客に販売するというものなのですが，それが成り立っているのは，むしろそれ以外の部分，ユニセフやアフリカの人々，広告代理店を経由する人々の希望の連鎖です。ボルヴィックを中心とした輪の中で，ステークホルダーの誰もが自分の希望を叶えることができているからこそ，ボルヴィックの事業は破綻なく，皆に支援されるものとなっているのです。

顧客価値連鎖分析はこのように，ステークホルダー間のモノ・サービス・カネ・情報の流れを描き出すことを通じて，自社の事業が，共感の輪を作り出せているかを確認できます。このフローのどこかに破綻があれば，そこがこの事業戦略の弱点になります。ボルヴィックの事例は，参加している人々の誰にとっても利益のあるものとなっているから，顧客を含めた周辺の人々は，自然とボルヴィックを支えるように行動してくれています。しかし，誰かにとってのメリットが少なかったり，逆にデメリットを被ったりする人がそこにいるならば，彼らはボルヴィックの事業活動を妨げていたことでしょう。

それでは，最後に皆さんもぜひ，破綻のないフローチャートの構築に挑戦し，社会性を組み込んだ事業を構想する技術を身につけるべく，練習をしてみてください。

Exercise　練習しよう

社会性の高い事業活動を行っている企業を1つ取り上げ，その会社をめぐる顧客価値連鎖分析を行ってみてください（よい例がすぐに思いつかなければ日本理化学工業でチャレンジしてください）。その流れは，人々の希望がみなうまく叶えられた，破綻のないものになっているでしょうか。もし誰かの希望が万全に叶えられていないとすれば，どのように修正すればよいでしょうか。

▶▶▶さらに学びたい人のために

- 原丈人［2017］『「公益」資本主義―英米型資本主義の終焉』文藝春秋。
- 前野隆司・保井俊之・白坂成功・富田欣和・石橋金徳・岩田徹・八木田寛之［2014］『システム×デザイン思考で世界を変える 慶應 SDM「イノベーションのつくり方」』日経 BP 社。

参考文献

- 新井和宏［2019］『持続可能な資本主義』ディスカヴァー・トゥエンティワン。
- 大山泰弘［2009］『働く幸せ―仕事でいちばん大切なこと』WAVE 出版。
- 前野隆司・保井俊之・白坂成功・富田欣和・石橋金徳・岩田徹・八木田寛之［2014］『システム×デザイン思考で世界を変える―慶應 SDM「イノベーションのつくり方」』日経 BP 社。
- M. E. Porter and M. R. Kramer［2011］Creating Shared Value: How to Reinvent Capitalism — and Unleash a Wave of Innovation and Growth, *Harvard Business Review*, 89 (1), 2-17.（M. E. ポーター，M. R. クラマー著，「共通価値の戦略―経済的価値と社会的価値を同時実現する」『DIAMOND ハーバード・ビジネス・レビュー』36(6), 8-31, 2011 年 6 月号）

索　引

英数

あ

か

さ

た

な

は

ま

や

ら

わ

▶**執筆者紹介**（執筆順，ゴシック文字がファーストオーサー）

川瀬 真紀（かわせ　まき）　第**1**，12章

編著者紹介参照

中川 功一（なかがわ　こういち）　第1，**2**，4，**5**，**6**，**7**，**9**，13，15，18章

編著者紹介参照

井上 達彦（いのうえ　たつひこ）　第1，2，**8**，**10**，**11**，**12**，13，14章

編著者紹介参照

福地 宏之（ふくち　ひろゆき）　第**3**，**4**章

一橋大学大学院経営管理研究科准教授，博士（商学）。

2003年　一橋大学商学部卒業

2009年　一橋大学大学院商学研究科博士後期課程修了

主　著：『日本企業のマーケティング力』（共著）有斐閣，2012年。

佐藤 秀典（さとう　ひでのり）　第**13**，**15**章

筑波大学ビジネスサイエンス系准教授，博士（経済学）。

2004年　東京大学経済学部卒業

2010年　東京大学大学院経済学研究科博士課程単位取得退学

主　著：『組織アイデンティティの機能』有斐閣，2018年。

永山 晋（ながやま　すすむ）　第**14**章

一橋大学大学院ソーシャル・データサイエンス研究科准教授，博士（商学）。

2009年　早稲田大学商学部卒業

2015年　早稲田大学大学院商学研究科博士後期課程単位取得退学

主　著：「日本企業の生産性は本当に低いのか：1321社に基づく提言」『DIAMONDハーバード・ビジネス・レビュー』7月号，2017年。

小阪 玄次郎（こさか　げんじろう）　第16，17章

上智大学経済学部教授，博士（商学）。

2004年　一橋大学社会学部卒業

2010年　一橋大学大学院商学研究科博士後期課程修了

主　著：「専業メーカーと総合メーカーにおける技術開発体制：蛍光表示管業界の事例研究」『組織科学』48巻1号，2014年。

東瀬 朗（とうせ　あきら）　第18章

新潟大学工学部協創経営プログラム准教授，博士（システムデザイン・マネジメント学）。

2004年　慶應義塾大学環境情報学部卒業，民間企業勤務を経て，

2016年　慶應義塾大学大学院システムデザイン・マネジメント研究科単位取得退学

主　著：「安全文化診断手法の開発とその適用：石油・化学産業等大規模設備を有する事業所を中心として」『安全工学』55巻1号，2016年。

▶編著者紹介

井上 達彦（いのうえ　たつひこ）

早稲田大学商学学術院教授，博士（経営学）。

1992年　横浜国立大学経営学部卒業

1997年　神戸大学大学院経営学研究科博士後期課程修了

主　著：『模倣の経営学：偉大なる会社はマネから生まれる』日経 BP 社，2012 年（中国，台湾，韓国，タイの 4 つの国と地域で翻訳）。
『ゼロからつくるビジネスモデル』東洋経済新報社，2019 年。

中川 功一（なかがわ　こういち）

やさしいビジネススクール学長，博士（経済学）。

2004年　東京大学経済学部卒業

2008年　東京大学大学院経済学研究科博士後期課程修了

主　著：『戦略硬直化のスパイラル』有斐閣，2019 年。
『ど素人でもわかる経営学の本』翔泳社，2019 年。

川瀬 真紀（かわせ　まき）

叡啓大学ソーシャルシステムデザイン学部教授，博士（教育学）。

1989年　Temple University, College: Arts & Sciences, Curriculum: American Studies 卒業

2006年　University of Minnesota, College of Education, Work, Community, and Family Education 博士課程修了

主　著："Crafting Selves in Multiple Worlds: A Phenomenological Study of Four Foreign-born Women's Lived-experiences of Being 'Foreign(ers)'," Verlag Dr. Müller: Germany, 2008.（単著）

経営戦略

2020年1月1日　第1版第1刷発行
2023年4月20日　第1版第4刷発行

編著者　井　上　達　彦
　　　　中　川　功　一
　　　　川　瀬　真　紀

発行者　山　本　　　継

発行所　㈱中央経済社

発売元　㈱中央経済グループ
　　　　パブリッシング

〒101-0051　東京都千代田区神田神保町1-31-2
電話　03（3293）3371（編集代表）
　　　03（3293）3381（営業代表）
https://www.chuokeizai.co.jp

製版／三英グラフィック・アーツ㈱
印刷／三　英　印　刷　㈱
製本／誠　製　本　㈱

ISBN978-4-502-32501-4　C3034